CHIP CARVING

THE COMPLETE GUIDE TO CHIP CARVING
by Wayne Barton

Copyright ⓒ 2007 Wayne Barton
All rights reserved.
This korean edition was published by publisher monoonjongi in 2017 by arrangement with wayne barton through KCC, seoul.

칩카빙가이드북

초판 1쇄 발행 2018년 2월 28일

지은이 웨인 바튼 | **옮긴이** 안형재
펴낸이 서 진 | **기획·마케팅** 노수준 | **편집** 이부섭
펴낸곳 모눈종이 | **등록번호** 제2015-000280호
주소 서울 마포구 희우정로 20길 26(영진 201) | **전화** 070-7553-1868 | **팩스** 0505-041-2300 | **이메일** mo-noon@naver.com

ISBN 979-11-961341-2-9 13620
이 도서는 국립중앙도서관 출판시도서목록(CIP)은 e-CIP홈페이지(http://www.nl.go.kr/ecip)와
국가자료공동목록시스템(http://www.nl.go.kr/kolisnet)에서 이용할 수 있습니다.(CIP제어번호: CIP2017034594)

이 책의 한국어판 저작권은 KCC를 통해 저작권자와 독점계약한 모눈종이에 있습니다. 어떠한 경우에도 무단 전재와 복제를 금합니다.
책 값은 뒤표지에 있습니다.

칩카빙가이드북

웨인 바튼 지음 · 안형재 옮김

모눈종이

차례

감사의 글 • 6
칩카빙을 예술로 끌어올린 웨인 바튼 • 8
칩카빙에 대하여 • 10

1. 도구와 재료 • 13
조각칼
숫돌
기타 도구

2. 칩카빙용 목재 • 18
최상의 칩카빙용 목재
함수율

3. 칩카빙칼 날 세우기 • 22
손으로 날 세우기
자르기칼 날 세우기
찌르기칼 날 세우기

4. 칼 잡는 방법 • 26
자르기칼 사용 방법
찌르기칼 사용 방법

5. 조각을 위한 팁 • 30

6. 패턴 배치와 도안 옮기기 • 41
나무에 패턴 옮기기

7. 테두리 문양 • 44
세모서리 칩 따내기
레이스 테두리
밧줄 테두리
고딕 테두리

8. 격자 문양 • 63

9. 로제트 문양 • 71

    삼각형 로제트
    사각형 로제트
    오각형 로제트
    육각형 로제트
    칠각형 로제트
    팔각형 로제트
    9각형 로제트
    10각형 로제트
    12각형 로제트

10. 자유형 문양 • 92

    그림의 윤곽선 따기

11. 양각 문양 • 105

12. 영문 서각 • 114

    글자 조각을 위한 가이드
    서체 선택
    클래식 로만체
    올드 잉글리쉬체
    스펜서리안 필기체
    베커체
    암브로시아체

13. 마감 • 141

    마감제의 선택
    착색시 주의점

감사의 글

나는 목조각계에 입문한 이래 재능있고, 따뜻하며 자비로운 많은 친구들을 만났다. 그들과 함께 할 수 있는 조각가라는 직업은 멋진 행운이었다. 이 책의 여러 곳에 그들의 격려가 담겨있다. 그들에게 받은 것과 서로 나눈 것이 너무도 많다. 모두에게 빠짐없이 감사를 드리고 싶다.

누구보다도 30년 이상 함께 작업해온 최고의 가구제작자이자 친구인 고릴브 브랜들리 Gorrlieb Brandli를 빼놓을 수는 없다. 그의 유머와 풍부한 지식과 넘치는 우정은 내가 소중히 여기는 보물의 일부이다. 이 책을 제작하는 과정과 여기에 실린 모든 사진을 예술적으로 촬영하는 과정에서도 칼린 베이커 Colleen Barker에게 신세를 졌다. 그녀는 기술만큼이나 매력적인 사람이다. 또 조각하는 사진을 위해 왼손잡이인 나를 대신해 오른손을 기꺼이 빌려준 사위 마이클 어리마 Michael Auriemma에게도 고마움을 표한다. 친애하는 친구이자 비서인 조앤 인다 Joanne Inda에게도 많은 도움을 받았다. 그녀는 오랫동안 사무실을 원활하게 운영해주었으며, 기쁜 마음으로 교정 작업을 해주었다. 또한 열심히 타이핑 작업을 해준 딸 하이디 Heidi에게도 감사의 인사를 전한다. 부끄럽게도 아빠인 나에게 영어가 얼마나 체계적인 문자인지를 알려주었다.

편집자인 로드먼 필그림 뉴먼 Rodman Pilgrim Neumann에게도 감사의 글을 남긴다. 이 책을 만들 때 필요한 자료들을 정리 완성하는 데 커다란 노력을 해주었다. 그의 제안과 인내, 그리고 편집기술을 통해 이 책의 제작 과정을 쉽게 이해할 수 있었다.

무엇보다도 이번 프로젝트 내내 격려와 유머 그리고 사랑으로 지지해주었던 아내 마리에스 Marlies에게 말로 다 표현할 수 없는 사랑과 고마움을 전한다.

웨인 바튼 Wayne Barton

칩카빙을 예술로 끌어올린 웨인 바튼

독자 여러분! 이 책과 함께 목조각 여행을 떠나보자. 칩카빙은 여러분 삶에 엄청난 만족을 선사할 것이다. 또한 여기에 소개된 방법들이 여러분을 칩카빙 전문가의 길로 이끌어줄 것이다. 이 책에서 제시하는 여러 방법들은 저자가 평생의 연구를 통해 수십 년간 칩카빙 조각법을 가르쳐온 결과물이기 때문이다.

웨인 바튼 Wayne Barton은 세계에서 가장 유명한 칩카빙 조각가 중에 한 사람이다. 그동안 많은 사람들이 책이나 강습, DVD 등을 통해 자신들만의 강습법을 소개해왔다. 하지만 북미 지역의 대부분의 강습자들은 거의 예외 없이 웨인 바튼의 작품과 강의, 저술 등을 통해 칩카빙에 대한 지식을 습득하고 있다. 아직까지 그 누구도 웨인 바튼의 기술적, 예술적 깊이와 경지에 오른 사람은 없다. 그는 칩카빙을 설명하고 가르치는 능력 또한 타의 추종을 불허한다.

칩카빙은 대서양 주변 나라에서 소규모로 명맥으로 이어오다가 1970년대부터 북미 지역에서 유행했다. 웨인 바튼은 혼자 힘으로 북미 지역을 넘어 세계인에게 칩카빙을 알리며 칩카빙 르네상스를 이끌어냈다. 그는 수년 동안 칩카빙에 몰두한 끝에 1984년에 처음으로 칩카빙에 대한 글을 발표했고, 그 이후 칩카빙이 여러 곳에 소개되기 시작했다. 전미나무조각가협회 National Wood Carvers Association의 기관지인 《Chip Chats》에 정기적으로 원고를 기고하고, 책, 비디오, 각종 TV쇼, 그리고 목공강좌를 통해 그의 스타일이 많은 목조각가들에게 알려지게 되었다. 그의 활발한 활동으로 인해 오늘날 대부분의 목조각전시회에서 칩카빙을 쉽게 접할 수 있게 되었으며, 각종 조각공모전의 한 분야로 자리 잡게 되었다.

웨인 바튼은 젊은 시절 조각가의 길을 걷기로 결심했다. 그는 일반적인 교육과정을 벗어나 스위스 브리엔츠 Brienz로 유학을 떠나, 그곳의 조각 장인들에게서 여러 가지 나무 조각 형식을 배운다. 이후 미국으로 건너와 시카고목조각학교 The Chicago School of woodcarving 에서 가르치다가 칩카빙을 주로 가르치는 알파인목조각학교 The Alpine School of Woodcarving를 설립했다.

그는 평생 개인적인 명성에는 관심이 없었다. 참가한 모든 공모전에서 1등상을 받았지만, 그것에 만족하지 않고 항상 칩카빙에 대한 지식을 가르쳐주고 다른 사람과 공유하는 데만 관심을 가졌다. 취리히에 있는 스위스국립박물관은 그의 재능을 인정해서 그의 작품들로 18개월 동안 특별전을 열기도 했다.

웨인 바튼은 스콧 필립스Scott Phillips가 진행하는 '더아메리칸우드숍'The American Woodshop과 로이 언더힐Roy Underhill이 진행하는 '더우드라이츠숍'The woodwright's Shop 같은 교육용 방송에 출연해 대중에 알려지게 되었다.

일찍이 웨인 바튼은 좋은 조각 도구의 필요성을 깨닫고 본인의 이름을 딴 '웨인바튼칩카빙나이프'The Wayne Barton Premier Chip Carving Knives를 만들어냈다. 이 칼은 현재 세계적으로 가장 널리 사용되고 있으며, 최고의 품질과 인체공학적 디자인으로 그 성능을 인정받고 있다. 그는 또한 타의 추종을 불허하는 품질의 세라믹숫돌을 개발하기도 했다. 그는 단 두 자루의 칼과 최고의 기술로 예술로서의 칩카빙을 보여주었다. 그는 오늘날에도 끊임없이 훌륭한 조각품들을 창조하고 있으며, 많은 이들이 이를 감상하고 따라하고 있다.

나는 다행스럽게도 칩카빙으로 생계를 꾸려나가는 많은 조각가들 중에 한 사람이다. 웨인 바튼의 글들이 그것을 가능하게 만들어주었다. 여기서 그의 여섯 번째 책을 소개한다. 이 책은 한 개인의 거의 50년에 걸친 칩카빙 지식의 정수이며, 아주 간단한 것부터 가장 복잡한 칩카빙을 해낼 수 있는 기술을 담고 있다. 내가 과거 20여 년 간 접해온 모든 분야에 걸친 칩카빙 정부루 볼 때, 이 책이야말로 독자 여러분의 지식과 기술을 한 단계 업그레이드 시켜줄 것으로 믿는다.

자 이제 읽고, 자신의 것으로 만들고, 연습하고, 즐기길 바란다.

펜실베이니아 해트보로Hatboro에서
데이비드 W. 크로더스David W. Crothers

칩카빙에 대하여
Chip Carving

목조각은 특별한 촉각예술 Tactile art 의 한 분야이며, 여러 가지 조각기술과 스타일로 예술을 구현하는 행위이다. 칩카빙은 이런 조각기술의 한 분야로, 조각하는 과정에서 나무가 제거되는 방식에서 그 이름이 유래되었다. 대부분의 조각은 조각가가 칼로 새기거나 끌평도나 둥근끌환도로 나무를 깎아낸다. 전동공구를 사용하면 나무를 너무 많이 깎아내기 때문에 적합하지 않다.

칩카빙은 장식적인 효과를 주는 조각이다. 형태를 잡거나 조각물 자체를 깎는 것보다는 이미 완성되었거나 형태가 잡혀있는 것에 장식을 더하는 것이다. 매우 정교하고 경사지게 따내어 나무에 특정한 크기, 모양, 비율을 가진 기하학적인 형태를 조각한다. 디자인은 제쳐두고 절단면이 매끄럽고, 홈이 깨끗하며, 등선이 날카롭게 조각되어 있다면 잘 된 칩카빙이라 할 수 있다.

칩카빙의 본질은 단순성과 다양성이다. 연습도 쉽고, 빠르게 배울 수 있는 장식적 조각이다. 도구와 그 사용법이 간단하면서도 디자인의 가능성과 적용 분야는 매우 다양하다.

이러한 단순성 때문에 칩카빙이 가장 오래된 목조각 분야 중에 하나라고 주장하기도 한다. 우리 선조들이 돌에 표시나 홈을 조각하여 원시적인 디자인을 만들어냈던 것은 사람이 예술적으로 자신을 표현할 수 있는 타고난 소질이 있음을 뜻한다. 합리적으로 가정해볼 때, 우리 선조들은 이런 예술적 소질들을 결과를 보다 쉽게 얻을 수 있었던 부드러운 소재인 나무에 적용했을 것으로 추측된다. 목재는 전 세계의 토착문화에서 수세기 동안 사용해왔다.

시간이 지나 국가들 간에 모티브* 교환이 이루어지면서 특정 디자인에 대한 기원들이 모호해졌다. 그러나 오늘날 많은 영어권 국가들에서 많이 사용되고 있는 칩카빙의 뿌리는 유럽, 특히 영국에서 찾을 수 있다.

예술의 한 영역으로, 또는 즐겁고 기능적인 취미로, 최근 몇 년 동안 칩카빙은 르네상스를 맞이했다. 이는 단순성의 매력에서 기인한 것일 수 있다. 접시나, 판, 상자와 같이 간단한 것부터 벽난로 장식, 천장 대들보, 가구 등과 같이 더 정교한 장식의 물건들까지 그 응용 분야가 매우 광범위하다. 예술적 행위나 또는 많은 다른 형태의 창작을 통해 개인이 얻는 만족감 또한 무시할 수 없다. 이러한 만족감이 바로 문명을 이루는 정신이다. 이러한 점 때문에 약간의 공부와 실습만으로도 쉽게 해낼 수 있는 칩카빙은 모든 사람들에게 즐거움을 선사할 수 있다.

여러 가지 칩카빙 모티브와 패턴들이 디자인을 구분하거나 식별하기 위해서 하나의 스타일로 설명되기도 한다. 한 작품 속에 하나 이상의 여러 디자인 스타일이 들어 있기도 하다. 어떤 디자인 스타일이건 간에 모든 칩카빙은 새기는 것으로 이루어진다. 즉, 무엇이든 디자인을 만들어내기 위해서는 나무에서 조각을 따내야 한다.

음각 패턴은 디자인 전체를 따내어 만들어지며, 그 디자인은 나무 표면 아래에 드러난다. 양각 패턴은 디자인의 배경을 따내어 만들어지며, 그 디자인은 나무 표면에 보여진다(12쪽 사진 참조). 같은 디자인을 가지고 음각과 양각을 모두 만들 수 있다.

칩카빙의 디자인 요소나 모티브는 장미형 문양인 로제트, 격자, 자유형, 그리고 양각 이미지들처럼 기하학적이거나 비기하학적일 수도 있다. 하나의 조각 작품에서는 이런 요소들이 단독으로 또는 결합해서 나타난다. 여러 가지 테두리, 로제트, 그리고 격자들이 조합되어 전체적으로 새로운 디자인을 만들어낸다. 이 모든 것은 주로 2개 또는 3개의 모서리가 있는 조각들을 조합한 것들이다.

초보자에게는 익숙하지 않지만 연습을 통해 어렵지 않게 습득할 수 있다.

도구 사용법, 칼날 세우는 방법, 목재 사용법, 마감 방법, 글자 따기 등과 함께 좀 더 쉽

---

*작품을 구성하는 기본 단위가 되는 무늬 _옮긴이

고 즐겁게 조각하기 위한 수많은 힌트들이 설명되어 있다.

이 책은 예술적 스타일의 칩카빙과 가장 장식적이고 기능적이며, 만족스럽게 나무를 창의적으로 조각하는 방법을 배우고자 하는 이들에게 완벽한 단계별 가이드를 제공한다. 또한 쉽게 공부할 수 있어 예술적인 영감을 받은 이들에게 용기를 북돋아줄 것이다.

음각

양각

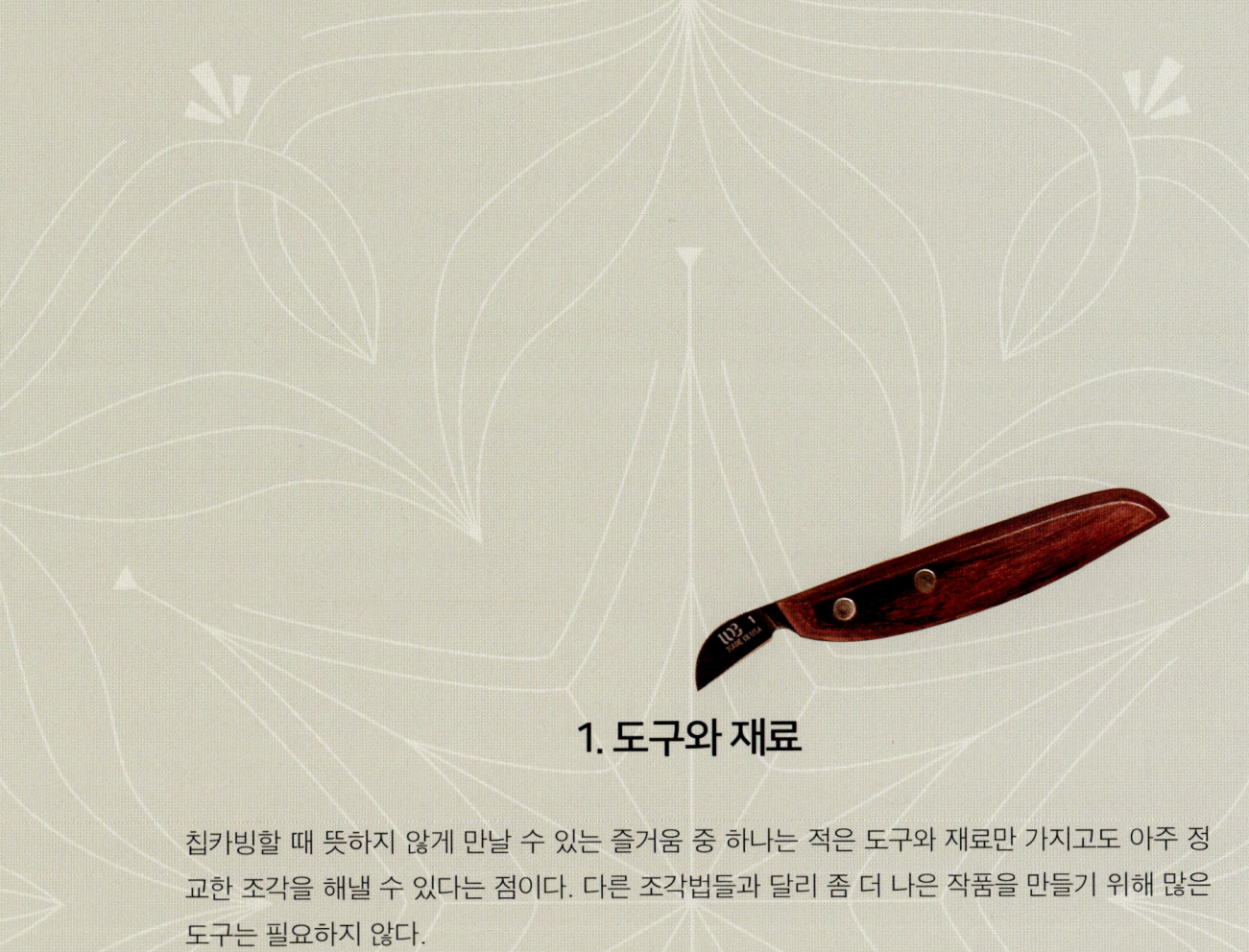

1. 도구와 재료

칩카빙할 때 뜻하지 않게 만날 수 있는 즐거움 중 하나는 적은 도구와 재료만 가지고도 아주 정교한 조각을 해낼 수 있다는 점이다. 다른 조각법들과 달리 좀 더 나은 작품을 만들기 위해 많은 도구는 필요하지 않다.

조각칼

인간이 나무를 조각하기 시작한 이래로, 조각용 도구의 종류는 조각할 나무와 원하는 최종 작품의 종류에 좌우되어 왔다. 이것은 칩카빙뿐만 아니라 다른 종류의 모든 조각도 마찬가지이다. 단단한 나무를 사용한다면 창끌과 평끌 그리고 망치가 필요하다. 망치가 아닌 손의 힘만으로 작업한다면 디자인에 따라 다르겠지만, 창끌과 평끌은 부드러운 나무에도 사용할 수 있다.

오늘날 칩카빙은 일반적으로 칼만을 가지고도 비교적 쉽게 나무에 작업할 수 있다. 칼만을 사용하기 때문에 작업이 더 빠르고 쉬우며, 도구의 사용이나 스타일에서 단순함을 추구하는 사람에게 더욱 좋다. 오늘날 사용되는 칼들은 종류와 품질 그리고 형태가 무척 다양하다. 칩카빙용 칼 세트의 경우 두 자루에서 24자루까지 구성되어 판매되지만, 2자루 세트만으로도 이 책에 소개된 모든 조각들을 해낼 수 있다. 일단 시작해보면 더 필요 없다는 걸 깨닫게 될 것이다. 두 자루만 가지고도 만족스러운 결과를 얻을 수 있다. 하지만 값싸고 부적절한 도구들은 실망스러운 결과를 낳을 것이다. 이는 종종 시간과 돈 낭비로 이어진다.

이 책의 모든 칩카빙은 저자가 디자인한 두 자루의 **웨인바튼칩카빙나이프**The Wayne Barton Premier Chip Carving Knives를 사용했다. 날은 고탄소강(스테인리스강 아님)으로 만들어져 있으며 날이 오래 유지되도록 적절하게 열처리되어 있다.

자르기칼은 가장 자주 사용하며 주로 나무를 따내는 데 사용한다. 짧고 넓은 날을 가지고 있어 강하고 작업성이 좋다. 날 끝이 예리하고, 뾰족하게 아래로 굽어 있어 조각가가

웨인바튼칩카빙나이프: 자르기칼(사진 위)과 찌르기칼

쉽게 곡선을 자를 수 있으며, 좁은 모서리와 틈새를 자르기 좋다.

찌르기칼은 사용하는 방식에서 그 이름을 따왔다. 나무를 따내는 데 사용하기 보다는 나무의 조직을 자르고 그 사이를 벌려서 나무에 쐐기 형태의 장식적인 자국을 남기는 데 사용한다. 이 칼은 칼자국을 더 길게 남길 수 있도록 긴 칼 면을 가지고 있어 더 많은 디자인을 가능하게 해준다. 찌르기칼은 자르기칼의 보완적인 역할을 해준다. 대부분의 작업들이 자르기칼을 가지고 이루어지지만 찌르기칼의 중요성과 능력을 간과해서는 안 된다. 찌르기칼을 무시하면 스스로 칩카빙의 전체 세계를 보지 못하게 된다. 두 자루의 칼만 있으면 나무에서 간단하고 복잡한 디자인을 쉽고 빠르게 이끌어낼 수 있다.

이 칼들의 또 다른 장점은 손잡이가 인체공학적으로 만들어져 있다는 것이다. 미국산 목재를 사용하였으며, 장시간의 작업에도 편하고 쉬우며 손에 피로감을 주지 않는다.

숫돌

그동안 조각도의 날을 세우는 데는 금강사, 거위기름, 자연석, 다이아몬드 가루를 입힌 다이아몬드 숫돌, 가죽줄 등 많은 재료들이 사용되었다. 위에 열거한 것들은 모두 어느 정도 비슷한 역할을 해준다. 초보자들에게는 길이 많이 나 있는 숲길을 여행하는 것 같을 것이다. 어느 길을 택할지는 목적지에 따라 다르다.

칩카빙칼날을 세우기 위해서는 세 가지 점을 염두해 두어야 한다. 날은 날카롭고 직선이며, 올바른 각도를 가져야 하고, 거울처럼 연마되어야 한다. 세부적인 내용은 3장 '칩

세라믹 숫돌: 중간 숫돌(사진 위)과 마무리 숫돌

카빙칼 날 세우기'에서 다루도록 하겠다. 많은 연마제품들이 나와 있지만 세라믹 숫돌이 가장 효과적임이 증명되었다. 사용법은 이 책에서 자세히 언급하고 있다. 만일 다른 제품이나 방법을 선호하는 독자들이 있다면 좀 더 익숙하고 편안한 방법을 택하면 된다. 앞에서 말했듯이 숲을 통과하는 길은 여러 가지가 있다.

세라믹 숫돌은 두 가지면 충분하다. 중간 숫돌은 날의 형태를 잡고 날을 세우는 데 사용하며, 마무리 숫돌은 날은 연마하거나 광택을 내는 데 사용한다. 날 끝이나 날 면이 둥글어지는 것을 막으려면 반드시 숫돌이 평면이어야 한다. 마무리 숫돌은 날에 광을 내어 조각 전에 추가적인 준비가 필요 없게 해준다.

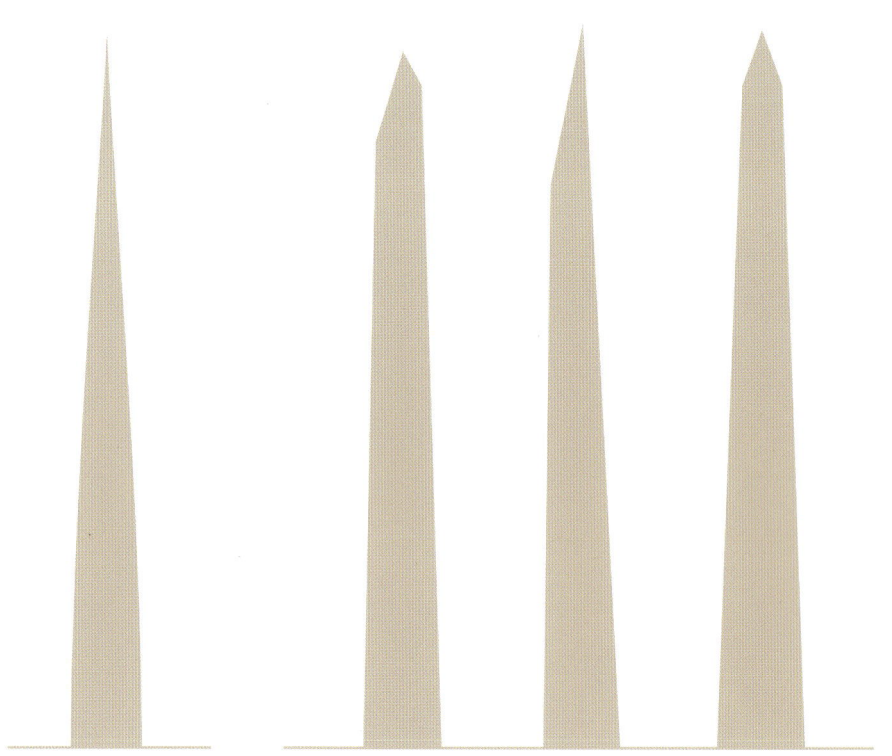

올바른 연마 각도(왼쪽)와 잘못된 세 가지 예

기타 도구

칩카빙을 위한 기본 도구들은 T-자(mm와 inch가 함께 표기된 자), 0.5mm 샤프, 제도용 컴퍼스 등이 있다. 샤프심은 약간 무른 B계열의 심을 사용하는데 보기도 쉽고, 나무에 눌린 자국을 덜 남긴다. 무른 샤프심이 지우기가 더 쉽다. 약하게 선을 그리는 것이 지우기 좋고, 잉크지우개를 사용하는 것도 빠르고 간단한 방법이다.

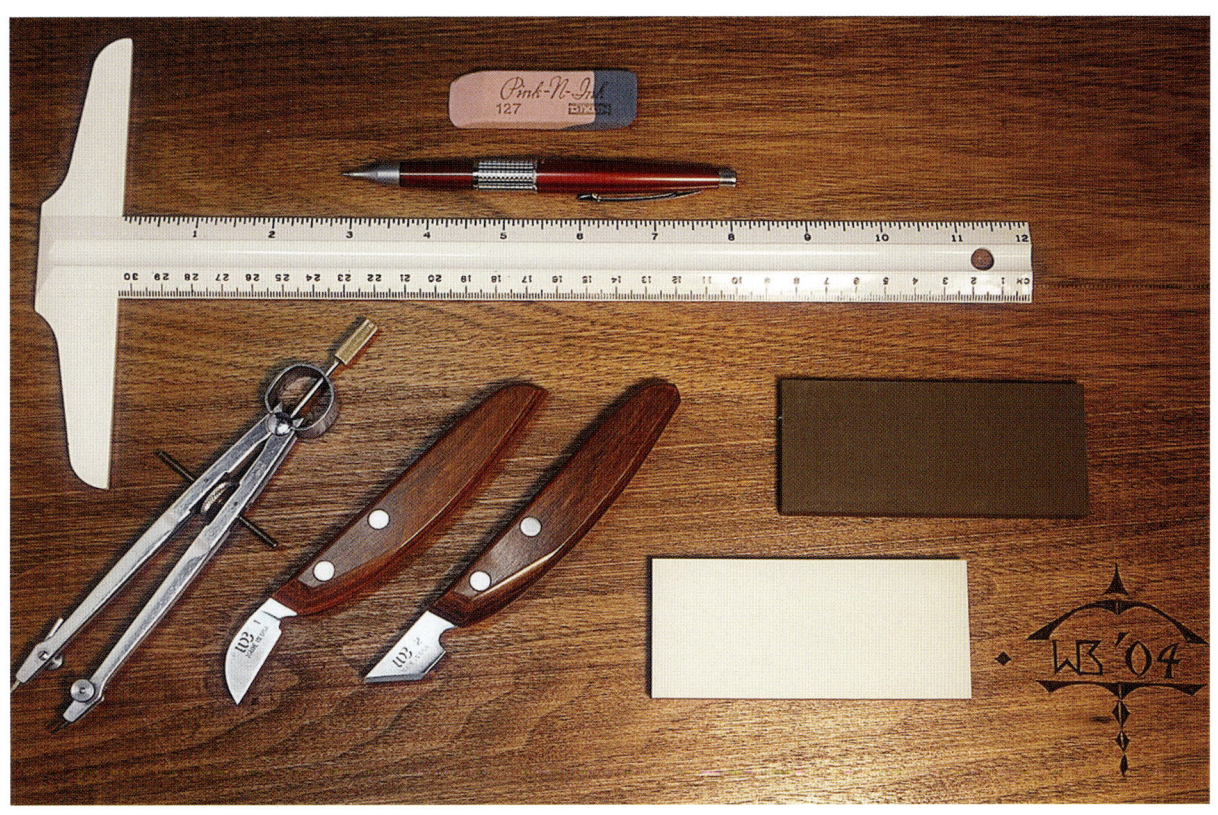

칩카빙에 필요한 도구들(0.5mm 샤프, 지우개, T-자, 자르기칼, 찌르기칼, 중간 숫돌, 마무리 숫돌)

2. 칩카빙용 목재

모든 나무에 조각할 수 있지만, 너무 단단하거나 구입이 쉽지 않은 나무 또는 결이 거칠거나 무늬가 너무 화려한 나무는 대부분 칩카빙에 적합하지 않다.

왼쪽부터 피나무, 버터넛, 스트로브 잣나무

젤루통(마디카)

참나무, 단풍나무, 벚나무, 호두나무처럼 밀도와 경도가 높은 나무들은 망치와 끌을 이용한 조각에는 적합지만 칩카빙에는 많이 사용되지 않는다. 무늬가 화려한 나무들은 일반적으로 칼을 가지고 조각하기엔 너무 단단하며, 그 화려함이 조각가들의 노력을 가리기도 한다. 어떤 나무들은 칼로 조각하긴 쉽지만 쉽게 구할 수 없는 것도 있는데, 이런 나무들은 일반적인 칩카빙용 나무보다 훨씬 비싸다. 젤루통Jelutong, 마디카이 그 좋은 예이다.*

최상의 칩카빙용 목재

화가가 캔버스에 그림을 그리듯, 칩카빙 조각가는 나무 위에 작품을 조각한다. 조각가의 캔버스(나무)가 좋을수록 조각 작품도 좋다. 이상적인 칩카빙용 나무는 비교적 단단하고, 조밀한 결을 가지며, 쉽게 구할 수 있으며, 가격이 저렴하고, 칼로 쉽게 조각할 수 있어야 한다. 이러한 조건에 딱 맞는 나무가 피나무Basswood로 수세기 동안 조각가들에게 사랑 받아온 목재이다.

활엽수의 일종인 피나무는 조각이 쉽고 만족스러운 결과를 얻을 수 있다. 연한 크림색

---

*조각용 목재인 피나무(Basswood)나 마디카(젤루통)은 인터넷쇼핑몰이나 화방 등에서 구할 수 있다._옮긴이

으로 균일한 노란색이 도는 갈색의 조밀한 결을 가지고 있다. 피나무는 유럽에서는 린덴linden · 라임lime으로 알려져 있다. 린덴은 피나무과의 한 종류로 티일라Tilia가 학명이며 같은 기후 지역에 서식한다. 북미에서 자라는 피나무는 일반적으로 배스우드Basswood 또는 화이트우드Whitewood로 불린다. 결이 조밀하여 어떤 칩카빙 작품에도 잘 어울린다. 북쪽 지역에서 자란 피나무가 결이 더 조밀하기 때문에 남쪽 지역에서 자란 피나무보다 조각하기 더 좋다.

버터넛Butternut도 활엽수의 일종으로 심재는 밝은 갈색이며, 때때로 핑크나 진한 갈색의 줄무늬가 있다. 약간 가벼운 편(스트로브 잣나무와 비슷)이며 조금 무른 편이다. 스테인으로 채색하면 호두나무나 참나무와 비슷하다. 피나무처럼 조각하기 즐거운 나무이다.

스트로브 잣나무는 때때로 폰데로사파인Ponderosa pine이나 웨스턴화이트파인Western white pine과 혼동되는데 어떤 지역에서는 웨이머스파인Weymouth pine으로 부르기도 한다. 곧고 일정한 결을 가진 침엽수로 쪼개지기 쉽지만 칩카빙하기 좋은 나무이다. 다른 소나무류와 달리 칼로 결을 쉽게 절단할 수 있다. 심재 부분은 밝은 갈색이며, 때로는 살짝 붉은 기가 돌지만 공기 중에 노출되면 색이 짙어진다. 값이 싸고 쉽게 작업할 수 있으며 광택이 잘 난다.

지역적으로 찾아볼 수 있는 나무 중에는 개오동나무catalpa, 니사나무Tupelo, 칠엽수Buckeye, 사이프러스Cypress, 낙우송Bald cypress, 흑버드나무Black willow, 그리고 참오동나무Royal paulownia 등이 있다.

조각에 사용되는 나무들은 기존의 목재상이나 건자재상에서는 구하기 어렵고, 주로 가구나 공예 관련한 목공전문점이나 특수목을 취급하는 목재전문회사를 통해서만 구입할 수 있다.

함수율 Moisture Content, MC

조각용 나무에 가장 크게 영향을 미치는 요인 중 하나가 함수율이다. 수종에 따라 다르지만 8~12%의 함수율일 때 섬유질들이 서로 잘 붙어있으며 날이 잘 미끄러지도록 해준다. 너무 마른 나무는 부서지기 쉽고, 칼날에 잘리지 않고 쪼개진다.

너무 건조한 경우 나무에 습기를 더해주는 방법은 여러 가지가 있지만 무엇이든 천천히 하는 것이 중요하다. 조각할 나무를 담을 만큼 커다란 비닐 봉투와 물이 담긴 넓은 그릇을 준비한다. 비닐 봉투 안에 그릇을 넣고, 그릇에 나무를 놓은 후 공기를 주입한 뒤 입구를 막는다. 1~3일 내에 나무가 습기를 먹어 함수율이 오르면 깨짐 없이 즐겁게 조각할 수 있다.

마감도장이 되지 않은 나무는 작업하지 않을 때 비닐 봉투나 플라스틱 용기에 넣어두면 습기가 날아가는 것을 막을 수 있다. 또한 가능하다면 작업 도중에 조각하고 있는 면을 바닥에 엎어둔다. 이런 습관은 조각하는 면의 습기를 유지시킬 뿐만 아니라 넓은 면적의 조각으로 인해 나무가 휘어지는 변형을 막아줄 수도 있다.

3. 칩카빙칼 날 세우기

소질있는 조각가는 칼만으로 깔끔하고 부드럽게 조각할 수 있다. 다른 어떤 도구들보다 더 큰 만족감과 즐거움을 준다. 날의 형태는 올바르고, 날카로워야하고 늘 잘 연마되어 있어야 한다.

칼날을 세우는 데는 단 하나의 올바른 방법이라는 것은 없지만 몇 가지 도움이 될 만한 방법을 제안한다. 전동 연마기는 추천하지 않는다. 연마작업을 위해 만들어진 장비지만 바퀴형태의 숫돌을 사용하고, 속도를 조절하기 어려워 칼날을 특정한 각도의 직선으로 세우는 데 어려움을 겪을 수 있다. 적절한 날 형태를 잡기 어렵고 날 끝이 둥글어지는 경향이 있어 날을 효과적으로 사용할 수 없게 만든다. 날을 손으로 세우면 칼의 움직임을 쉽게 조절하여 더 나은 결과를 얻을 수 있다.

손으로 날 세우기

손으로 날을 세울 때는 두 가지 점에 유의한다. 날이 직선이 되기 위해서는 숫돌이 반드시 평면이어야 하며, 숫돌의 크기도 충분히 커서 날 전체를 갈아낼 수 있어야 한다. 그림에서 보는 세라믹 숫돌은 그렇게 크지는 않지만 다른 숫돌을 사용하는 드레싱(면잡이)이 필요 없다. 또한 사용할 때 물이나 오일도 필요 없다.

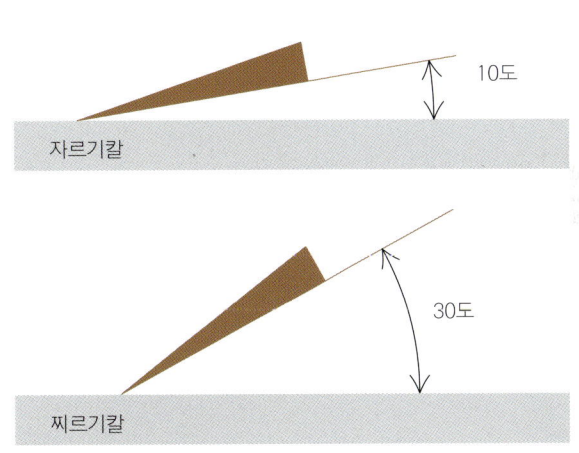

날을 세울 때 칼의 각도

자르기칼 날 세우기

자르기칼의 날을 세울 때는 중간 거칠기 숫돌 위에 날 전체를 평평하게 올려놓고, 동전 두께 이하 정도로 칼등을 살짝 들어 올린다. 날 전체에 고른 압력을 가하고, 칼의 각도를 일정하게 유지하고, 날에 힘을 주어 앞뒤로 움직인다. 앞뒤로 움직이면서 날의 금속을 없애는 것이 목적이다. 날의 양면을 똑같이 갈아주면 된다.

돋보기로 날을 위로 하여 정면에서 날 끝을 검사해본다. 올바르게 날이 세워졌다면 날을 중심으로 경사지게 갈려야 한다. 양쪽 면을 모두 검사하면서 날이 직선임을 확인한다. 만일 날 끝부분이 둥글다면 날 끝에 너무 많은 힘을 가한 것이다. 그럴 때는 날 몸통부분에 힘을 집중하여 다시 날

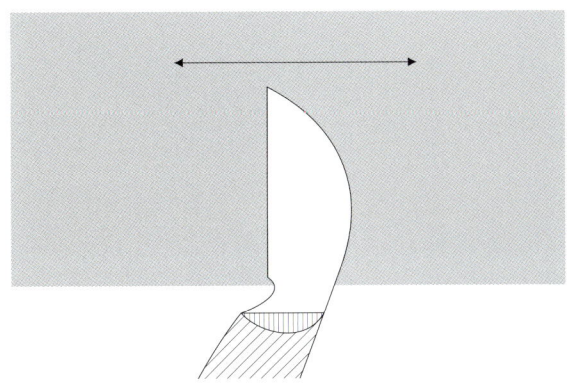

날의 수직방향으로 고른 압력을 주며 앞뒤로 움직인다.

칼날의 정면에서 날 양면이 경사지고 고르게 잘 갈렸는지 검사

칼날의 직선도 검사

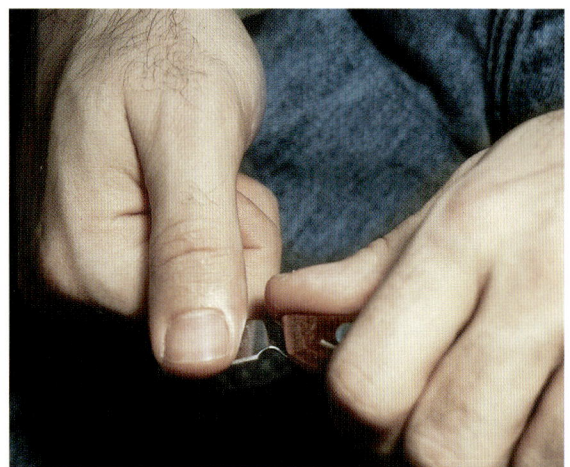
칼날의 수직방향으로 엄지손가락을 이용하여 거스러미 검사

을 갈아주면 직선이 된다.

공장에서 생산할 때 만들어진 기계자국들이 없어질 때까지 계속 날을 갈아준다(단, 새 칼의 날을 세울 경우만). 날이 직선이 되도록 날의 양면을 경사지게 고르게 갈아준다.

연마하는 중에 칼날을 따라 거스러미가 생기게 된다. 이것은 날 모서리부의 금속 층이 말려 올라간 것이다. 직선의 날에서 이 거스러미들이 제거되어 비로소 깨끗하고 매끈한 날을 얻을 수 있다. 거스러미를 제거할 때는 앞선 날 세우기 과정을 반복하면 되는데 매우 가볍게 힘을 주어야 한다. 한 방향으로 살짝 숫돌 위에서 움직여주면 칼날에서 거스러미가 떨어지면서 완벽한 직선의 날카로운 날을 얻을 수 있다.

다음 단계는 아주 고운 숫돌을 사용하여 똑같은 날 세우기 과정을 반복하는 것이다. 제대로 하고 있다면 숫돌 위에 검은색 자국들이 남겨지는데 이는 금속이 연마되면서 나오는 가루들이다. 숫돌이 매우 검게 변하면 숫돌 크리너나 패드를 이용하여 깨끗이 닦아주면 된다. 그것들을 제거하지 않고 계속 사용하게 되면 숫돌 위의 금속 미세 분말들이 날을 무뎌지게 만든다.

숫돌에 더 이상 금속이 묻어 나오지 않을 때까지 연마한다. 좋고 고운 세라믹 숫돌을 사용하고 있다면, 바로 추가적인 준비 없이 칩카빙을 시작하면 된다. 이때 날은 거울처럼 반짝일 것이다.

마지막으로 손가락을 이용하여 칼날에 거스러미가 걸리지 않는지 체크해야 한다. 날의 평평한 부분에서 시작하여 날 방향으로 손가락을 움직여본다. 손에 무엇인가 걸리는 느낌이 있다면 그것이 거스러미이다. 약한 힘으로 살짝 연마하여 거스러미를 없앤다. 날의 양쪽 면에서 모두 거스러미를 없애야 한다.

일단 날이 한 번 서면, 때때로 작업 중간에 고운 숫돌을 사용하여 무뎌진 날을 연마해준다. 조각하는 나무의 종류와 형태에 따라 그 간격은 달라진다. 깊고 곡선인 절단 작업은 얕고 직선인 절단에 비해 쉽게 날이 무뎌진다. 조각하다가 힘이 더 많이 드는 느낌이 나거나, 무뎌져서 날의 반사광이 약해진다면 날을 다시 연마할 때이다.

찌르기칼 날 세우기

찌르기칼의 날을 세우는 방법은 자르기칼과 동일하지만 한 가지 다른 점이 있다. 찌르기칼을 사용하는 목적이 나무 조직을 잘라서 그 틈을 벌리는 역할을 하기 때문에 날이 더 큰 각도를 가지고 있다. 약 30도로 공장에서 만들어져 판매된다. 처음에는 중간 거칠기 숫돌에 기울어진 날의 각도를 따라 날 양면을 앞뒤로 움직여주어 제품 제조 때 만들어진 자국들을 제거해준다. 이것은 구입 후에 한 번만 해주면 되며, 그 다음 과정은 고운 숫돌을 사용하여 반복한다. 거스러미가 없도록 연마해주면 조각할 준비가 다 된 것이다.

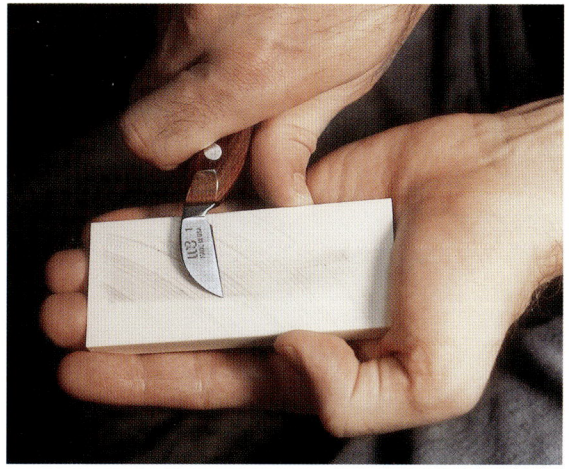

마무리 숫돌을 이용한 날의 거울연마

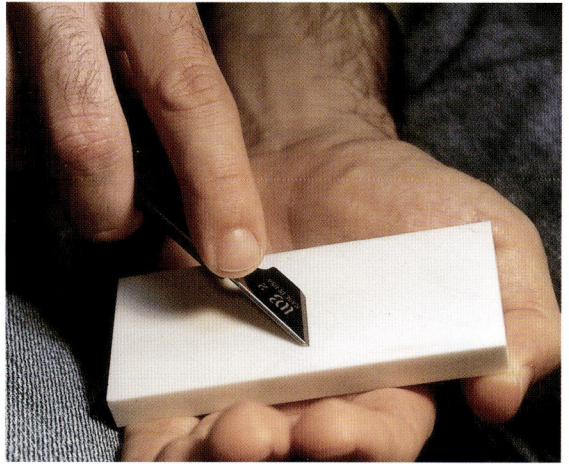

공장에서 만들어진 30도 각도를 유지하면서 찌르기칼 날 세우기

4. 칼 잡는 방법

모든 수공구들은 특정한 방법으로 잡고 사용하도록 만들어져 있다. 칩카빙칼도 마찬가지이다. 처음에는 이상하고 어색하게 느낄 수도 있지만 올바르게 칼을 잡는 것이 조각을 좀 더 쉽고, 빠르며, 안전하고 즐거운 경험으로 만들어준다는 것을 분명히 곧 알게 될 것이다.

자르기칼 사용 방법

자르기칼의 손잡이는 오랜 시간 사용해도 편안함을 주는 인체공학적 설계로 디자인되었다. 손잡이 양면에는 칼날 바로 아래 뿌리 부분에 평평한 부분이 있다(양손 모두 사용 가능).

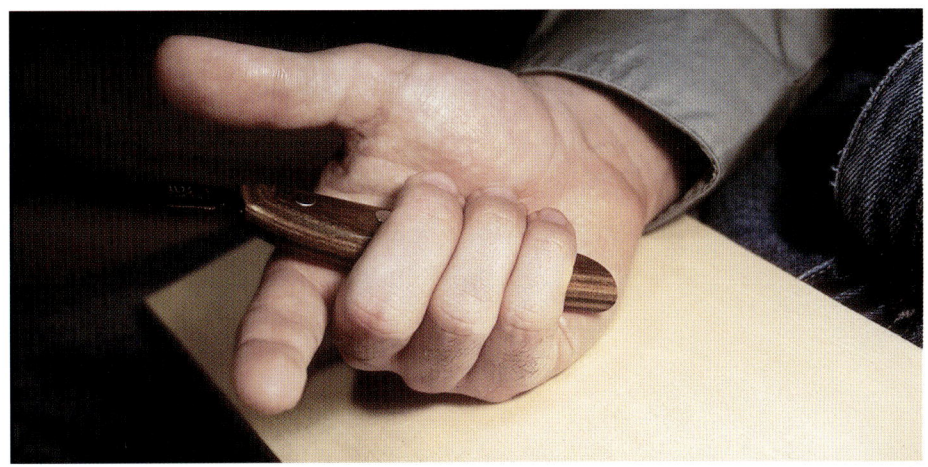

나머지 세 손가락으로 손잡이를 잡는다.

제1자세

엄지손가락 살짝 위로 들어 올리고 관절부위를 날 뿌리의 평평한 부분에 올려놓는다. 이 위치에서 엄지손가락은 조각하는 동안 칼이 움직일 수 있는 지렛대가 역할을 한다. 평평한 날 뿌리 부분은 엄지손가락이 쉽게 그 위에서 움직일 수 있어 필요에 따라 조각

자르기칼의 제1자세

을 할 때 칼을 들어 올릴 수 있게 해준다.

다음은 엄지와 검지를 뺀 나머지 세 손가락을 사용하여 손잡이를 감싸쥔다. 이러한 방법으로 칼을 쥐면 조각할 때 칼의 움직임과 힘을 조절하기 쉽다. 손목을 돌려주면 팔꿈치가 몸통 옆에 붙게 되어 더 나은 지렛대 역할을 할 수 있으며, 칼이 몸을 향해 당겨지도록 할 수 있다.

검지의 관절부와 엄지를 이용하여 칼을 올바르게 잡으면, 칼날은 약 65도 각도가 된다. 이것이 첫 번째 자세이며 대부분의 조각을 이 자세로 하게 된다.

제2자세

두 번째 자세는 주로 작은 세 모서리 삼각 따기나 두 모서리 홈 따기에 많이 사용한다. 엄지손가락 관절을 칼등과 칼 뿌리 부분에 위치시키면 된다. 손잡이를 감싸 쥐고 손을

자르기칼의 제2자세

엄지손가락의 잘못된 위치. 조각할 때 항상 손잡이를 받쳐주어야 한다.

나무 위에 놓으면 첫 번째 자세처럼 칼날은 약 65도 각도를 만들어낸다.

첫 번째 자세로 조각할 때는 엄지손가락으로 손잡이에서 받쳐주며 감자를 깎을 때처럼 날을 엄지손가락 쪽으로 끌어당기면서 조각한다. 엄지로 손잡이를 받쳐주면 올바른 각도로 칼이 고정되고, 끌어당길 때 날이 엄지손가락을 베지 않는다. 또한 엄지로 받치고 손잡이를 잡으면 칼은 어깨를 당겨 움직이게 되어 더 큰 힘으로 조각을 조종할 수 있다.

그리고 제1자세든 제2자세든 간에 조각을 하는 손의 일부는 항상 나무에 닿아 있어야 한다. 제1자세 일 때는 조각할 나무 위에 엄지손가락을 대고 회전시키거나 미끄러지듯 움직인다. 제2자세 일 때는 검지가 나무에 닿으면 충분하다.

찌르기칼 사용 방법

찌르기칼은 칼날을 조각하는 사람 방향이 되도록 수직으로 한 손 또는 두 손으로 잡는다. 나무 조직을 충분히 깊게 자를 수 있도록 아래로 눌러준 뒤 원하는 길이만큼 칼을 앞뒤로 움직여준다. 이것들은 대부분 하나의 움직임으로 만들어진다. 찌르기칼을 사용할 때는 팔꿈치를 몸에 가까이 붙여주어 어깨로부터 지렛대 효과와 힘을 더한다.

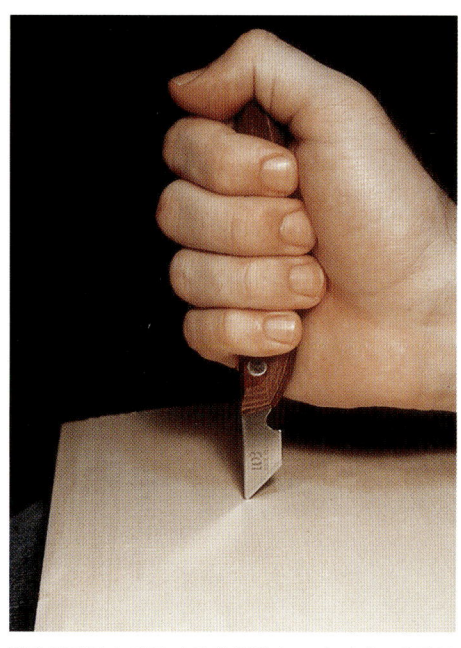
절단 길이를 늘여주기 위해 칼을 누르며 아래로 움직임

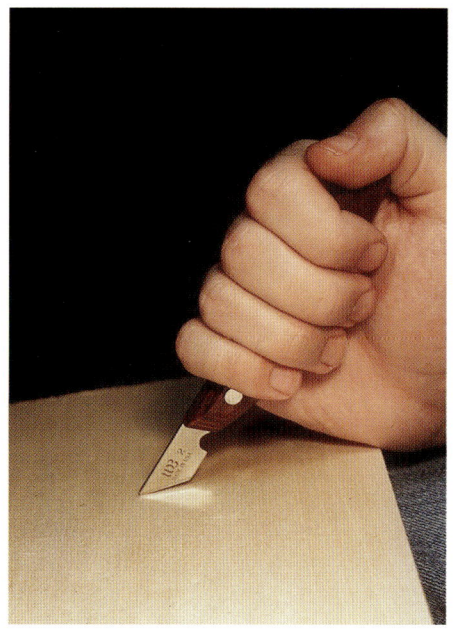
찌르기칼의 시작 자세

5. 조각을 위한 팁

전통적으로 칩카빙은 앉아서 무릎 위에서 작업한다. 이는 지금까지도 최고의 방법으로 통한다. 책상 위나 작업대 위에서의 작업은 지렛대 효과나 충분한 힘을 얻기 힘들기 때문이다. 만약 작품이 크다면 예외가 되겠지만, 대부분의 칩카빙 조각은 무릎 위에서 작업이 가능하다.

무릎 위에 조각물을 고정하고 앉는 적절한 자세

1. 두 발이 땅에 닿는 높이의 편한 의자를 선택한다. 이는 조각할 때 무릎 높이를 맞춰주어 무릎을 너무 굽히지 않아도 되도록 해준다.

눈높이 아래로 갓을 고정시킨 조명기

2. 인공조명을 사용하는 경우, 눈높이 아래에 맞춰 사용할 수 있는 갓이 있는 관절식 조명을 사용한다. 눈높이 보다 높은 곳에서 비추는 조명은 눈부심을 유발하며 정밀한 조각을 할 때 잘 보이지 않거나 눈을 피로하게 만든다.

3. 조각용 나무를 준비할 때는 표면을 최대 220번 사포로 결 방향으로 사포질 해준다. 그러면 나무 표면에 쉽게 문양을 그릴 수 있고, 조각 후에도 쉽게 지울 수 있다. 그리고 조각 중간에 연필선을 없애면서 조각하면 나중에 연필선을 정리하기 쉽다.

나무에 그려진 디자인

4. 작품을 시작하기 전에 연습용 나무에 조각을 먼저 해본다. 피나무가 연습에는 최상의 판재이다. 중심이 되는 기본형의 모티브를 연습해서 본 작업의 부담감을 줄여준다. 크기 300×100×9mm 정도의 판재가 무릎 위에서 잡고 다루기가 쉽다. 조각할 때는 손으로 판재를 잡지만 안전을 위해 반드시 칼날의 진행방향 앞에는 손을 두지 않는다.

5. 날이 일정한 각도를 유지하고 있기 때문에 더 넓게 따낼수록 더 깊이 잘라내야 한다. 반대로 작고 얕게 따낸다면 날 끝 부분만 사용하여 조각하게 된다.

초보자들의 경우 일반적으로 필요 이상으로 깊이 자르려고 한다. 그 때문에 원하지 않는 부분까지 잘라내게 된다. 필요한 만큼의 깊이만 자르는 것이 중요하다. 그런데 단 한 번의 칼질로 잘라내고 싶다면 조금만 더 깊이 잘라내는 것을 추천한다.

작은 조각을 따낼 때는 날 끝만 사용한다.

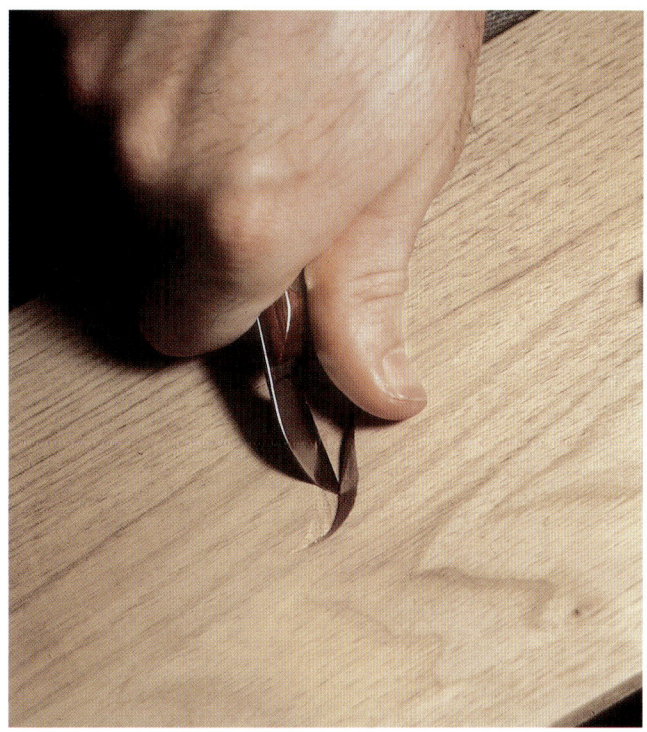

의도한 것보다 조금만 더 깊이 칼을 넣으면 조각을 한 번에 따낼 수 있다.

큰 조각일 때는 높이의 반만 먼저 따낸다.

6. 따내는 부분이 커서 한 번의 칼질로 따낼 수 없는 경우도 있다. 이러한 경우 윗부분의 반을 먼저 제거한다. 그렇게 하면 남은 부분을 어떤 깊이로 잘라내야 할 것인지가 분명해진다. 초보자들의 경우 깨끗하게 조각하기 위해 의도적으로 날을 세우려는 경향이 있다. 이런 습관은 조각하려는 영역의 측벽을 더 잘라내게 되고 너무 깊게 파내는 결과를 낳는다. 한 번 이상의 칼질로 조각해야 하는 경우, 연속되는 칼질의 각도가 이전 칼질과 동일한지 확인해야 한다.

날의 각도를 유지한 채 나머지 반을 제거한다.

날각도

① 너무 얕다　② 너무 깊다　③ 올바른 65도

7. 일관되게 깨끗하고 보기 좋은 조각물을 만들기 위해서는 거의 대부분 칼의 각도를 65도로 유지해야 한다. 너무 얕게 파면 그림자가 적게 져서 조각이 평평하고 생기 없어 보이게 된다. 각을 너무 많이 주어 깊게 파면 조각이 어려울 뿐만 아니라 파내더라도 돌출된 산 부분이 약하게 된다.

8. 직선을 따낼 때는 손을 엄지손가락으로 지탱하고 검지의 관절부를 나무를 따라 가이드 삼아서 움직인다. 아래 사진의 ⓧ표시처럼 칼날 앞 13mm지점에 초점을 맞추고 집중하여 잘라내면 쉽게 직선을 잘라낼 수 있다. 즉 날 자체에 집중하지 않고 그 앞쪽에 초점을 맞춤으로써 눈으로 칼을 당기는 듯 잘라내면 된다.

9. 직선을 자르는 데 자를 사용하는 것은 추천하지 않는다. 특히 자가 의도치 않게 움직이는 경우 도구를 양손에 들고 있기 때문에 오류의 가능성이 아주 커진다. 조각할 때 주의를 분산시키는 것은 현명한 방법이 아니다.

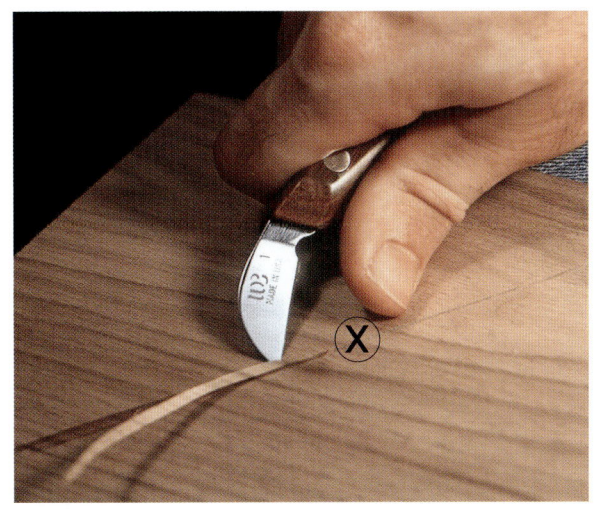

직선 자르기

10. 칩카빙을 할 때 면도칼이나 커터칼을 사용하는 것은 적절치 않다. 이 칼들은 나무를 조각하기 위해 만들어진 것이 아니기 때문이다. 적절히 연마된 조각도는 편안하고 안전하게 단단히 잡을 수 있도록 디자인된 손잡이를 가지고 있어서 훨씬 믿고 사용할 수 있다. 필요한 경우 칼금을 긋는 것도 자르기칼을 사용하면 쉽고 깔끔하게 해낼 수 있다.

11. 곡선을 따낼 때는 65도의 절단 각도를 유지한 채 칼을 좀 더 수직으로 들어 올린다. 이는 칼날의 접촉면적을 줄여줘서 좀 더 깨끗하고 부드러운 곡선을 얻을 수 있다. 더 작은 곡선일수록 칼의 각도는 높아진다.

12. 잘린 조각들이 나무에서 깨끗하게 빠져 나오지 않는다면 모든 섬유조직이 잘리지 않았기 때문이다. 끼어 있는 조각을 칼끝으로 날려버릴 수도 있지만, 그럴 경우 칼끝이 부러질 위험이 있다. 만일 조각이 틈에 끼어 있다면 느슨해지도록 자르되 칼로 튕겨내지 않는다.

정상적인 칼의 각도

부드러운 곡선을 자르기 위해 들어 올린 칼

13. 컴퍼스의 연필심을 깎아서 사용할 때는 한 면만 깎아 뾰족하게 만들어야 한다. 컴퍼스의 침도 어깨가 있는 침을 사용하여 나무에 뚫리게 되는 구멍을 최소화해야 한다. 컴퍼스의 침이 만들어낸 구멍을 없애려면 물 한 방울을 떨어뜨린다. 물은 나무 조직을 부풀게 만든다. 나무가 마르면 물방울이 있던 자리를 가볍게 사포질 해준다.

14. 새로운 조각을 따낼 때, 거의 예외 없이 이미 조각된 부분에서 떨어져서 첫 번째 칼을 넣어야 한다. 이것은 나무가 쪼개지는 것을 막아준다. 만일 원하지 않는 곳이 떨어져나가는 경우 하얀색 목공용 본드를 사용하여 붙여준다. 이때 다른 표면에 본드가 묻지 않도록 주의한다. 착색하는 경우 선명한 자국이 남는다.

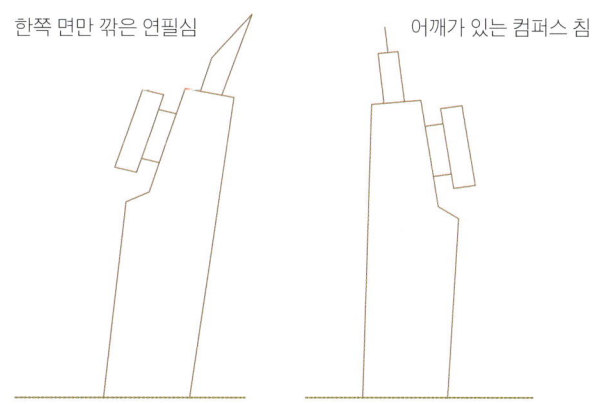

이미 조각된 부분을 피해서 새로운 부분을 따내기 위한 첫 번째 칼을 넣은 장면

15. 로제트 문양처럼 두 개 이상의 조각형태가 서로 연결되고 한 점(중앙)으로 모이는 경우, 한 줄은 중앙으로 연결되고, 다른 한 줄은 중앙보다 조금 짧게 조각한다(40 페이지 사진 참조). 이것은 한 부분이 너무 얇아지는 것을 막고, 지나치게 과도한 깊이로 절단되어 특히 결의 직교방향으로 조각할 때 쉽게 부서지는 것을 막아준다. 이러한 경우 깊게 절단되는 것을 방지하기 위해 날은 65도 이상으로 세울 필요가 있다.

16. '쌓기'는 부채 모양이나 그 유사한 모티브를 조각할 때 원하지 않는 부분이 쪼개져 버리는 것을 방지하는 방법이다. 예를 들어 네 조각 부채꼴에서 네 개의 조각이 모두 한 점으로 모이지 않고 바깥쪽 두 개의 조각만 모티브 형태대로 중심까지 이어지고, 내부의 두 조각은 짧게 끝나서 바깥쪽 조각의 중심점 위에 쌓은 모양을 이루는 것이다. 시각적으로는 네 개의 조각들이 한 점으로 모이는 것처럼 보인다.

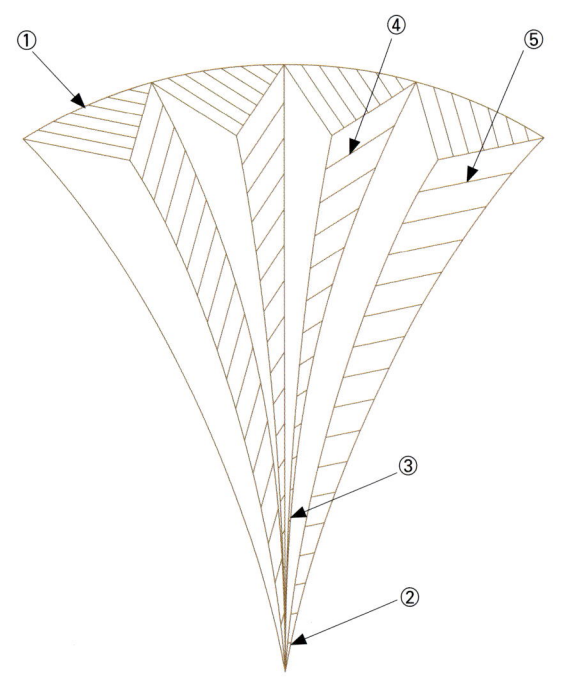

네 조각 부채 모티브. 네 조각 중에 안쪽 두 개의 조각은 끝에서 조금 안쪽에서 끝난다.

① 부채 모양의 첫 번째 절단. 부채 머리 부분부터 칼을 넣어준다.

❷ 부채 모양의 두 번째 절단. 부채의 가장 바깥쪽 선은 모이는 끝부분에서 칼이 거의 조금만 들어가게 잘라준다.

❸ 내부 조각을 따내기 위한 칼을 패턴의 끝에서 조금 앞에서 멈춘다.

❹ 내부 조각을 패턴보다 조금 앞부터 잘라낸다.

❺ 외부 조각을 패턴 끝까지 잘라낸다.

17. 어떤 로제트 문양이나 다른 문양은 모든 부분이 제거되는 음각 상태가 더 매력적으로 보이기도 하지만, 전체 요소들을 모두 조각하는 것은 좋은 생각이 아니다. 시각적으로 숨 쉴 수 있는 공간을 남긴다. 단순성이 종종 최상의 방법일 때가 있다.

중심의 인접한 조각 중에 어느 한쪽은 중심까지 닿지만, 다른 한쪽의 조각들은 짧게 끝나는 것을 주의 깊게 봐준다.

6. 패턴 배치와 도안 옮기기

기본이 되는 모든 선들을 완벽하게 그려 넣는 도안은 최종 완성품이 시각적으로 균형이 잘 잡혔는지를 미리 확인할 수 있다. 또한 모든 기준은 4등분에서 시작하는 것이다. 이것은 정확한 중심을 찾고 공간 분할의 기준이 된다. 기하학적인 디자인라면 자와 컴퍼스로 나무 위에 바로 그릴 수 있다.

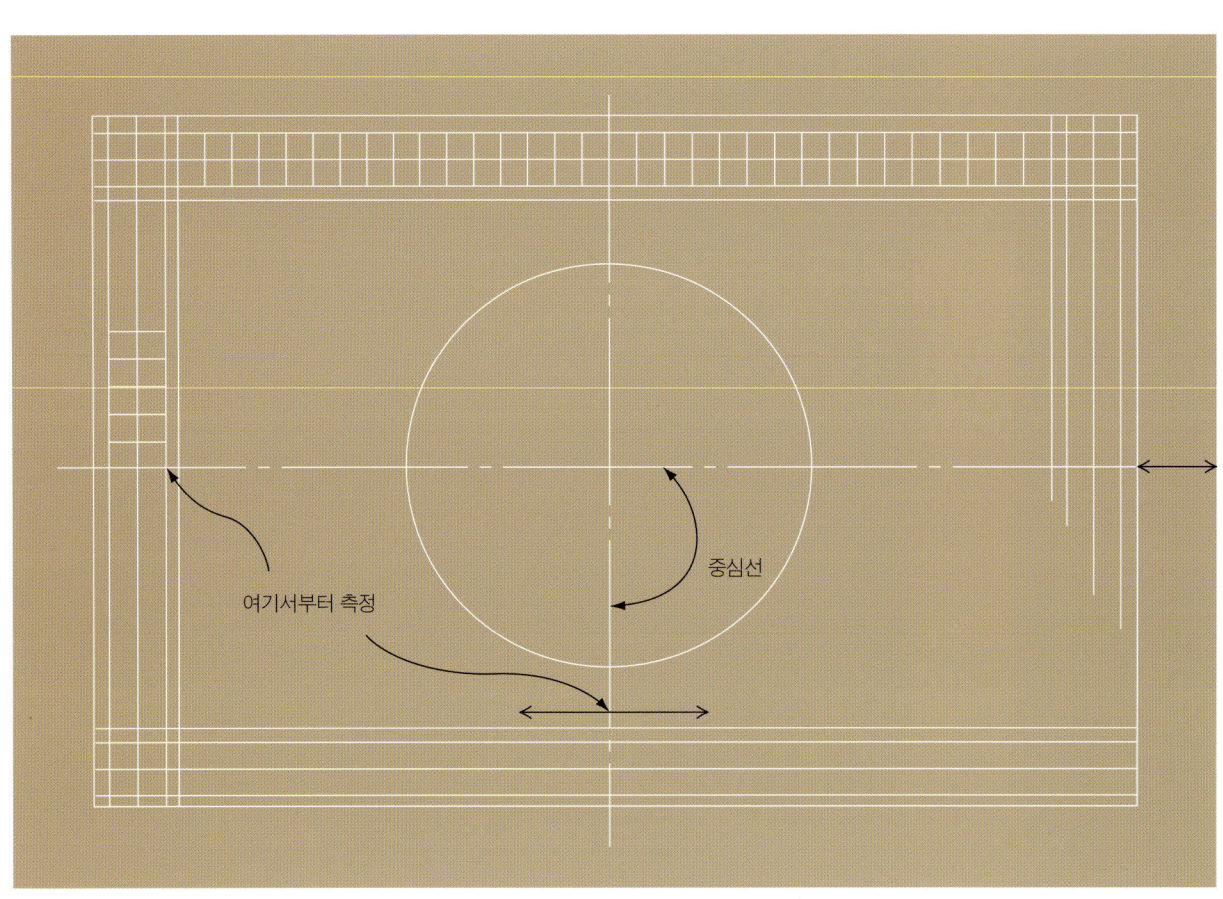

mm단위로 테두리 선을 긋고, 조각을 전체적으로 4등분. 패턴은 중앙선을 중심으로 등분한다.

나무에 패턴 옮기기

나뭇잎 모양 같은 비기하학적인 디자인과 패턴은 먼저 트레이싱지에 그리는 것이 최상의 방법이다. 트레이싱지를 통해서 나무 위에 패턴이 어떻게 놓일지를 완벽하게 볼 수 있기 때문이다. 트레이싱지를 놓고 뗄 수 있는 테이프로 위치를 잡는다. 트레이싱지 아래에 먹지를 놓고 철필로 전체 그림을 염두에 두면서 패턴을 나무 위에 옮긴다. 시중에는 두 가지 종류의 먹지가 있는데 그라파이트지(graphite paper)와 일반 먹지가 있다. 일반 먹지의 경우 왁스성분이 코팅이 되어 있어 나무에 색이 입혀지는 경우가 있다. 가급적 그라파이트지를 사용하길 권한다.

패턴지 접착은 비추천

패턴을 나무에 붙여서 종이와 함께 나무를 자르는 것은 추천하지 않는다. 이런 방식이 지름길처럼 보이긴 하지만 심각한 단점이 있다. 조각을 시작할 때나 진행 중에도 나무 위에 종이가 적절하게 자리 잡았는지 볼 수가 없다. 조각할 때는 나무가 쪼개지거나 제거되지 않으려고 하는 경우가 있는데 종이를 사용하는 경우 이러한 일이 일어났을 때 종이가 제거될 때까지 발견하지 못하게 된다. 조각하는 중간에 종이가 움직이거나 종이가 떨어지는 일도 발생할 수 있다. 종이를 떼어낸 후 남은 접착제 성분을 제거하는 것도 귀찮은 일이고, 떼어낼 때 조각된 부분에 손상을 줄 가능성도 있다.

자유형 디자인의 경우 트레이싱지 아래 먹지를 놓고 나무 위에 옮겨 그릴 수 있다.

7. 테두리 문양

테두리는 조각 구성의 틀을 만들어주며, 전체 구성을 잡아준다. 간단한 하나의 줄부터 공을 많이 들인 여러 요소들의 복합형까지 테두리는 그림에서의 액자처럼 조각의 분위기를 잡아주고 완성도를 높인다.

칩카빙에서는 전통적으로 세 모서리 칩(또는 삼각형 칩)이 다양한 위치와 조합으로 테두리에 흔히 사용된다. 많은 곳에 세 모서리 칩들이 사용되기 때문에 이번 장에서는 아주 일부만 소개하고자 한다. 삼각형의 크기와 비율은 조각하고자 하는 테두리 패턴, 조각물의 모양, 그리고 조각물의 크기에 따라 다르다. 그런데 대부분의 집안에서 사용하는 생활용품(레이스 테두리나 세 모서리 칩을 사용하는 박스부터 접시까지)을 제작할 때 기본 치수를 4mm 단위로 하는 것이 작업능률에 좋다. 이 크기가 칩조각들이 충분히 잘 보이며 쉽게 조각할 수 있는 치수이다.

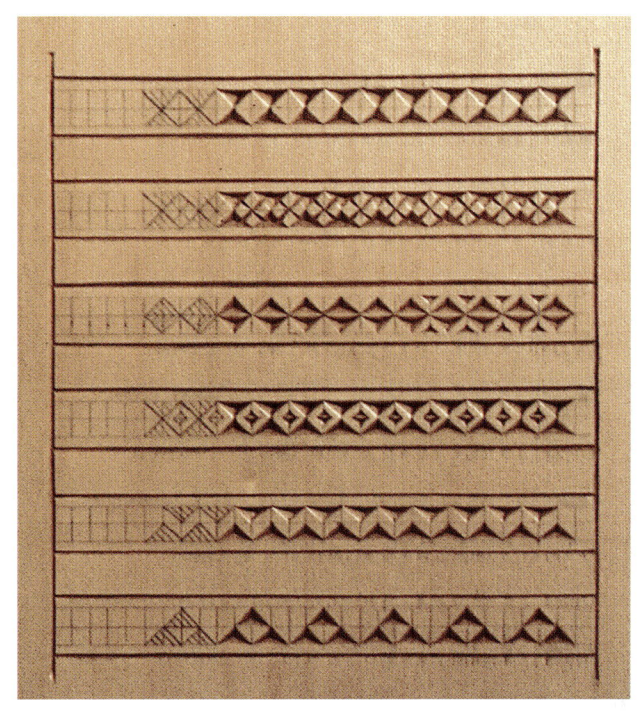

다양한 세 모서리 칩 테두리들(위쪽부터): 양각 다이아몬드, 꽃, 음각 다이아몬드, 이중 다이아몬드, 지그재그, 피라미드 문양

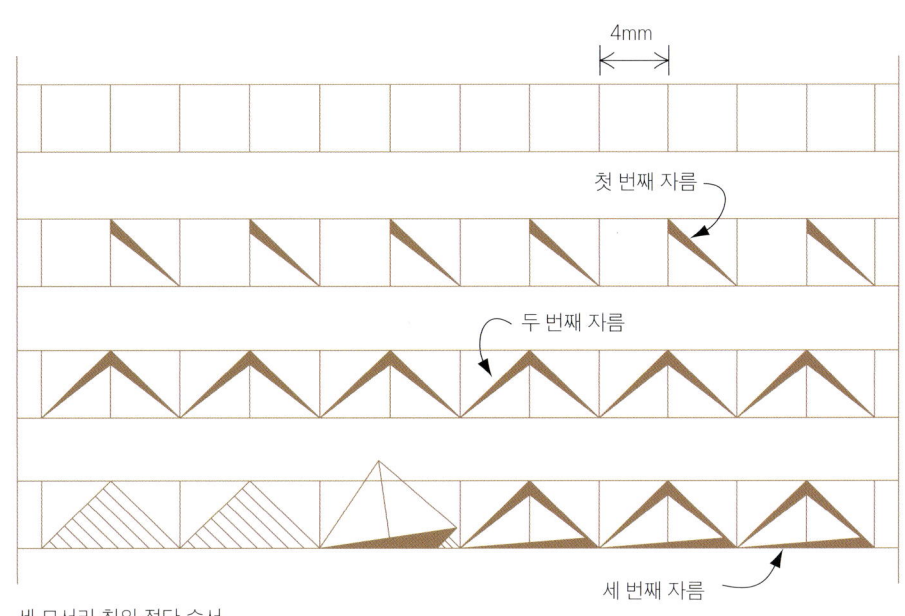

세 모서리 칩의 절단 순서

세 모서리 칩 따내기

처음에는 자르기칼을 제1자세로 잡는다. 사각형의 모서리에 칼끝을 위치시키고, 칼날은 65도로 유지한 채로 칼을 들어올려 V자 형태를 만들어준다. 65도 각도를 유지한 채 사각형의 반대편 모서리를 향해 칼을 직선으로 나무에 (끌지 말고) 집어넣는다. 제1자세에서는 엄지손가락이 나무 위에서 항상 칼을 받쳐준다.

다음으로 부재를 180도 돌리고 칼을 제2자세로 잡는다. 칼끝을 첫 번째 절단의 시작지점에 똑같이 위치시키고, 옆 사각형의 반대편 모서리를 향해 칼을 넣는다. 제2자세에서는 나무에 닿도록 검지를 살짝 펴준다. 칩카빙을 할 때는 손의 일부분이 항상 나무에 닿아 있어 조각가가 조각물을 느낄 수 있게 해준다.

세 번째 절단에서는 칩조각을 완전히 떼어내게 되는데, 부재를 돌리지 않고 칼을 다시 제1자세로 잡는다. 칼끝을 절단되지 않은 칩조각의 마지막 한 면에 위치시킨다. 세 번째 절단면의 길이는 다른 두 면의 길이보다 길기 때문에 세 번째 떼어내는 절단은 베어내는 동작으로 이루어진다. 세 번째 면의 전체 길이에 날을 아래로 누르면서 끌어당긴다. 올바르게 되었다면 칩조각이 바로 튀어 나올 것이다. 잘라낸 조각의 세 면이 칩 하단 중앙에서 만나는지를 검사한다.

세 모서리 칩의 첫 번째 절단, 제1자세로 칼을 잡는다.

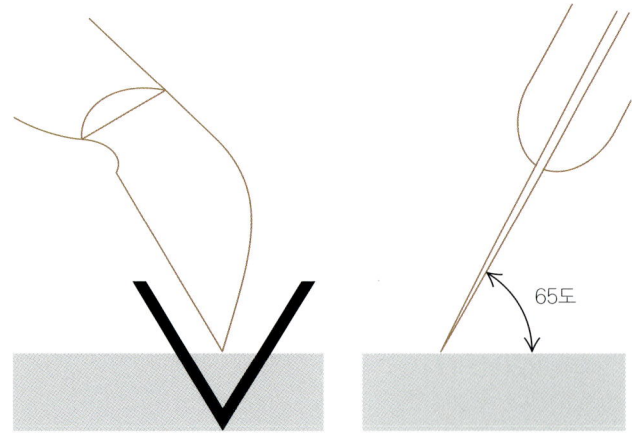

세 모서리 칩 따기에서 자르기칼의 올바른 각도

세 모서리 칩 따기의 두 번째 절단. 제2자세로 칼을 잡는다.

세 모서리 칩 따기의 마지막 세 번째 절단. 제1자세로 칼을 잡는다.

레이스 테두리

레이스 테두리의 패턴은 칩카빙에서만 사용하는 것은 아니다. 수세기 동안 건축부터 금속 작업까지 여러 분야에서 다른 이름으로 불렸다. 쉽게 그릴 수 있으며, 크거나 작게, 곡선과 다이아몬드 모양의 모티브로 나타나고, 한 줄이나 두 줄 또는 세 줄 형태로 조각된다.

모든 칩카빙에서도 그렇지만 레이스 테두리를 조각하기 위해서 조각할 모든 선을 그릴 필요는 없다. 눈으로도 좋은 조각 결과를 얻을 수 있다. 또한 모든 절단은 제1자세로 이루어진다. 첫 번째는 선을 따라 자르고, 두 번째 절단은 첫 번째 아치의 아래를 자른다. 이 칩조각은 중심부가 양 끝보다 넓다. 칼날의 깊이는 이러한 변화에 따라 너무 깊게 자르지 않도록 조절하여 남길 부분을 제거하지 않도록 한다.

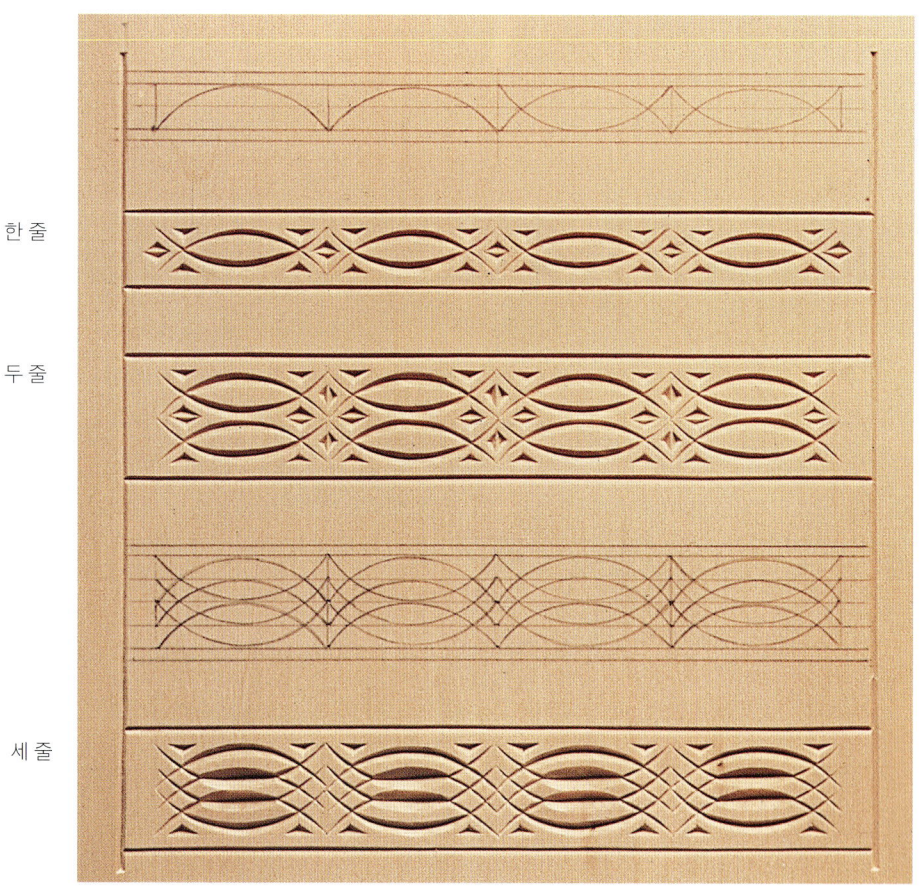

레이스 패턴

레이스 테두리의 첫 번째 칩 따기

레이스 테두리의 두 번째 칩 따기

두 줄 레이스 테두리와 가운데 레이스 로제트를 조각한 피나무 상자 뚜껑(324×209mm)

레이스 로제트 도안

밧줄 테두리

밧줄 테두리는 레이스 테두리처럼 두 번의 칼질로 만들어지며 끝보다 중간이 두껍다. 이러한 변화가 칩조각을 시각적으로 진짜 선원들이 사용하는 밧줄처럼 보이게 만든다. 레이스 테두리처럼 칩조각의 폭의 변화가 입체적인 모양을 만들어낸다.

밧줄 테두리 도안

밧줄 테두리 조각하기

밧줄 테두리에 한 줄 격자 패턴과 가운데 로제트를 조각한 피나무 상자 뚜껑(324×209mm)

고딕 테두리

이 테두리는 북유럽 고딕양식의 건축에서 널리 알려져 있다. 이것은 목조뿐만 아니라 석조물에서도 발견된다. 이 테두리의 매력은 간략화된 꽃모양을 중심으로 하는 기하학적인 형태의 반복되는 움직임이다. 진짜 입체적인 모습을 가지고 있다.

조각하는 동안 나무가 쪼개지는 위험을 최소화하기 위해서는 먼저 모든 세 모서리 칩들을 제거한다. 다음으로는 아래 그림에서 표시하는 순서대로 꽃 주변의 칩들을 제거한다. 마지막으로 가운데 꽃을 만들어주는 칼금을 만들어준다. 이때도 쪼개짐을 최소로 하기 위해서 결 직각 방향의 칼금부터 제거한다.

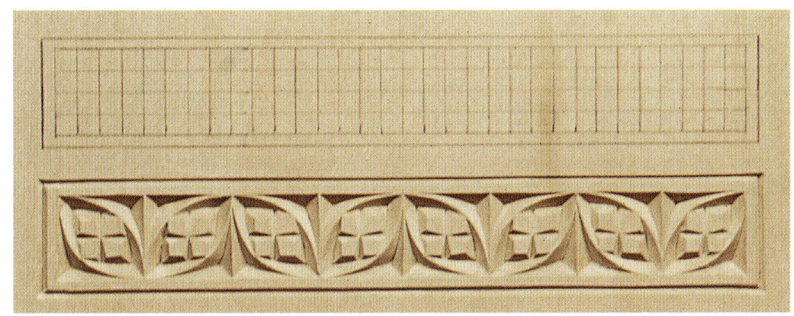

고딕 테두리의 배치

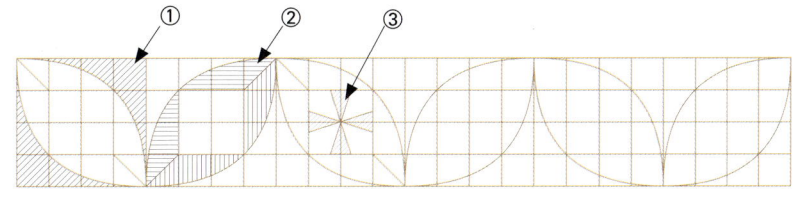

고딕 테두리의 칩 제거 순서

고딕 테두리에서 ①번 세모서리 칩 따기

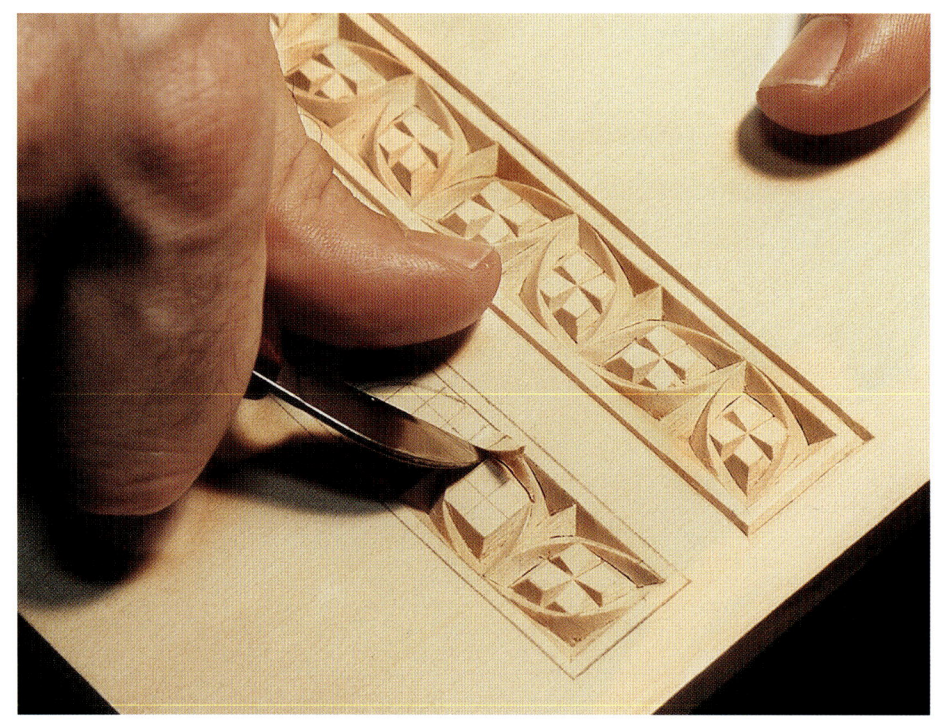

두 번째로 꽃 주변의 칩들 제거

마지막으로 꽃에 칼금 넣기

고딕 테두리와 프랑스 아미앵 성당(1200년대)의 창문에 있는 로제트를 조각한 피나무 상사 뚜껑(324×209mm)

로제트 도안

다양한 테두리들(위쪽부터): 삼각형(세 줄), 단추, 단추와 다트, 케이블, 피라미드, 리본, 난족문

테두리 문양

다양한 테두리들(위쪽부터) : 꽃, 하트, 화관, 큰 꽃, 페이즐리 모티브

테두리 문양

다중 테두리 패턴이 적용된 접시의 1/4 단면

다중 테두리 문양의 접시(254mm)

화관 테두리와 양각으로 조각한 벽걸이판(457×305mm)

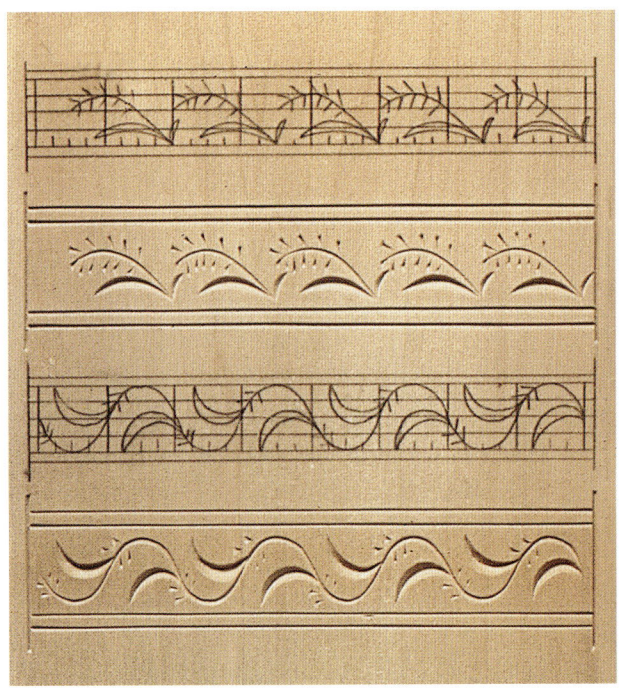

꽃과 덩굴 모티브의 테두리

테두리 문양

물결무늬 테두리와 가운데 하트, 리본 문양의 피나무 접시(356mm)

물결무늬 테두리와 지그재그 테두리의 피나무 접시(203mm)

8. 격자 문양

격자 문양은 보통 반복적인 기하학 패턴을 사용하여 서랍장, 궤의 문판, 상자 뚜껑을 장식하며 무늬를 더하는 데 사용한다. 이는 간단한 대각선이나 정교하게 결합된 모티브들로 이루어진다. 이런 문양의 핵심은 전체 디자인에 반복적이며 시각적인 리듬을 주는 것이다.

몇몇 격자 이미지들은 정사각형을 기반으로 하지만 대부분은 좀 더 사선 같은 느낌을 준다. 사선은 시각적으로 외부로 확장되는 느낌을 주어 조각을 커 보이게 한다. 또한 사선은 힘과 운동성을 표현한다. 교대로 반복되는 상반된 모티브들(크거나 작거나, 각지거나 둥글거나)을 사용하는 것은 종종 디자인에 흥미를 유발하는 효과를 준다. 상반되는 것은 서로 다른 쪽을 돋보이게 해준다.

격자 디자인의 다른 기능 중 하나는 테두리 및 중심 디자인인 로제트 문양 같은 다른 디자인 요소들과 합쳐지는 배경무늬를 추가하는 것이다. 이러한 방법으로 사용되는 격자들은 시각적으로 디자인 요소들을 묶어준다. 이 경우 너무 정교하거나 복잡한 스타일의 격자는 주 디자인 테마나 다른 요소들을 압도하거나 가릴 수 있어 선택하지 않는 것이 좋다. 간단한 대각선 격자가 보기 좋다.

찌르기칼로 포인트를 준 선 격자

음각한 다이아몬드로 포인트를 준 격자

음각한 다이아몬드로 포인트를 준 격자

꽃무늬 격자

물결무늬와 꽃무늬 격자

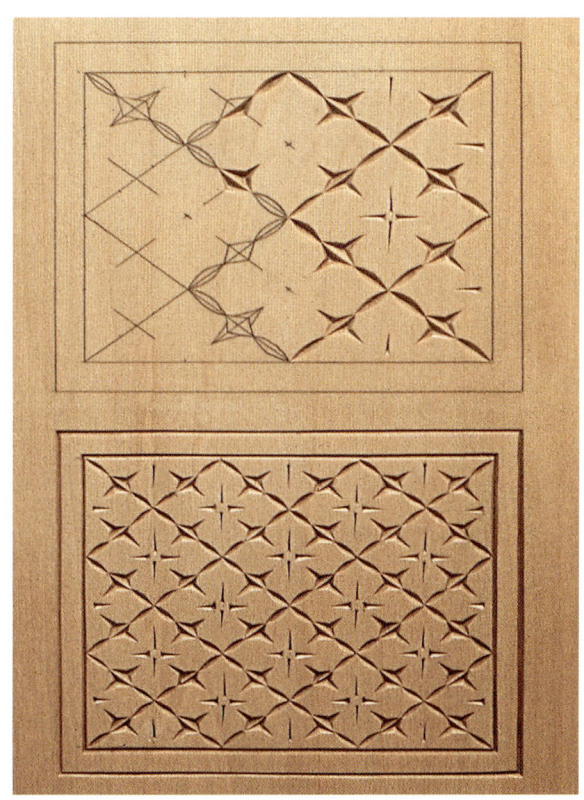

꽃무늬 격자

다이아몬드 문양에 로제트를 조각한 피나무 상자 뚜껑(178×146mm)

밧줄문양 테두리와 꽃, 다이아몬드 문양의 피나무 상자 뚜껑(324×209mm)

꽃무늬 테두리와 정사각형 격자 안 원문양의 피나무 상자 뚜껑(324×209mm)

밧줄무늬 테두리와 다이아몬드 격자 문양, 가운데 알파벳 H를 조각한 피나무 상자 뚜껑(324×209mm)

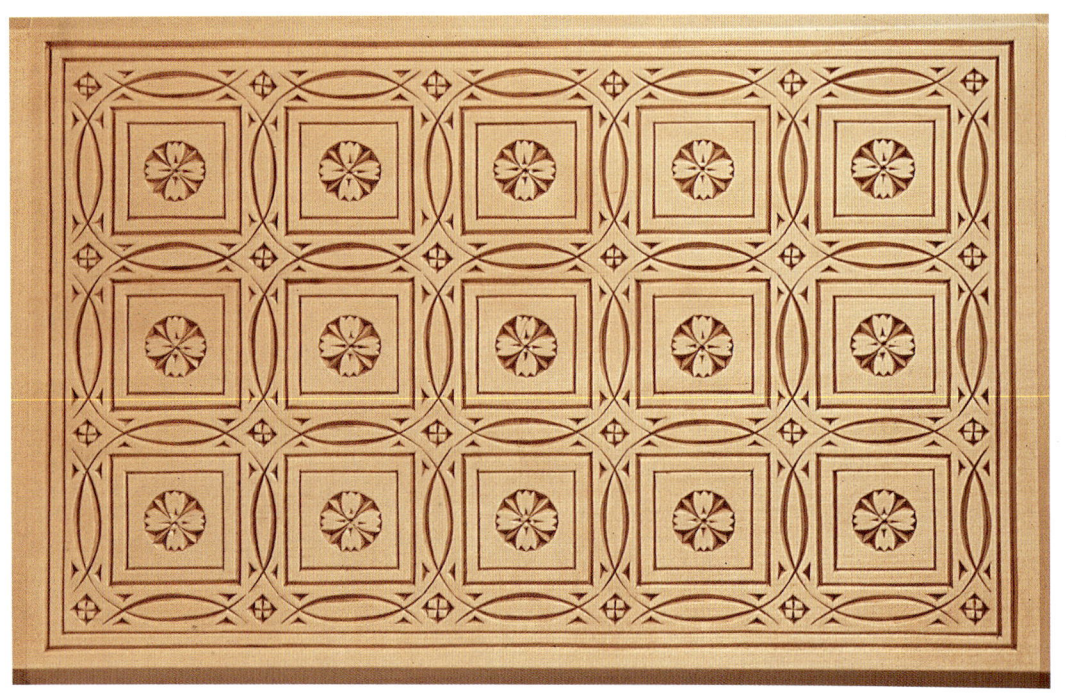
이중 선 테두리와 원 속의 사각형 격자 문양의 피나무 상자 뚜껑(324×209mm)

9. 로제트 문양

로제트 문양은 고대로부터 기원하며, 건축을 비롯한 많은 예술작품에서 발견된다. 로제트는 장미형의 장식, 또는 일반적으로 원형의 조합으로 만들어진 디자인을 지칭한다. 원형의 여러 부분들은 하나의 원을 보통 3~12개로 등분하며, 가끔 기호학적이며 종교나 신화에 관련된 내용을 가지고 있다.

아래 사진에서 보듯이, 칩카빙에서는 컴퍼스와 자만 가지고 원을 균등하게 나눈다. 다른 모든 디자인을 그려낼 때처럼 로제트를 작도할 때는 정확도가 가장 중요하다. 컴퍼스의 연필은 날카롭게 다듬어야 하며(바깥쪽으로 날카롭게), 디자인을 잘 볼 수 있도록 선을 가늘게 그린다. 또한 컴퍼스의 중심을 정확히 위치하도록 신경을 쓴다.

본질적으로 로제트는 거의 무한대의 디자인 가능성을 제공한다. 경우에 따라 하나의 디자인을 음각이나 양각으로도 조각할 수 있다. 이러한 디자인 가능성 때문에 로제트는 칩카빙 디자인 구성의 중심 또는 중앙점으로 자주 사용된다. 또한 로제트가 하나의 구성이 되기도 한다.

같은 디자인으로 음각, 양각된 로제트

12각형 로제트 디자인과 조각

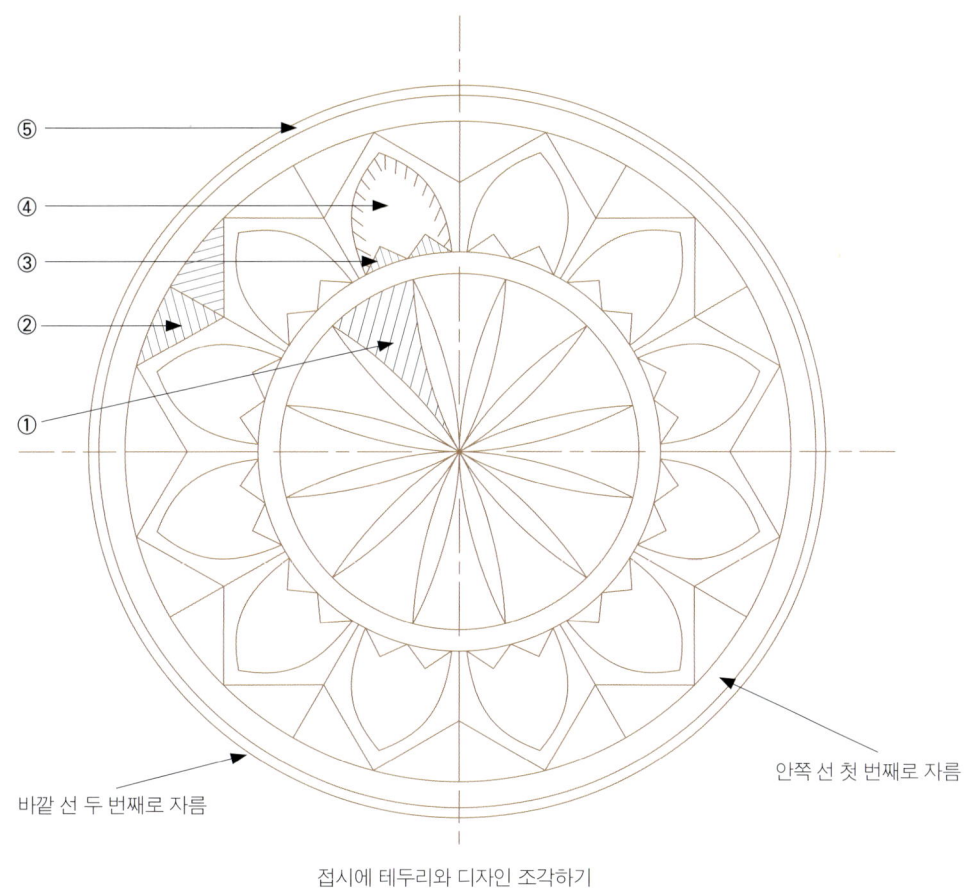

바깥 선 두 번째로 자름

안쪽 선 첫 번째로 자름

접시에 테두리와 디자인 조각하기

로제트 문양

삼각형 로제트

1. 임의의 수직선 (Ⓐ – ②)를 그린다.
2. 점 ①을 중심으로 원을 그린다.
3. 현재의 컴퍼스 지름을 유지한 채로 점 ②를 중심으로 돌려서 점 Ⓑ와 점 Ⓒ를 표시한다.
4. 점 Ⓐ, Ⓑ, Ⓒ를 이으면 정삼각형이 된다.

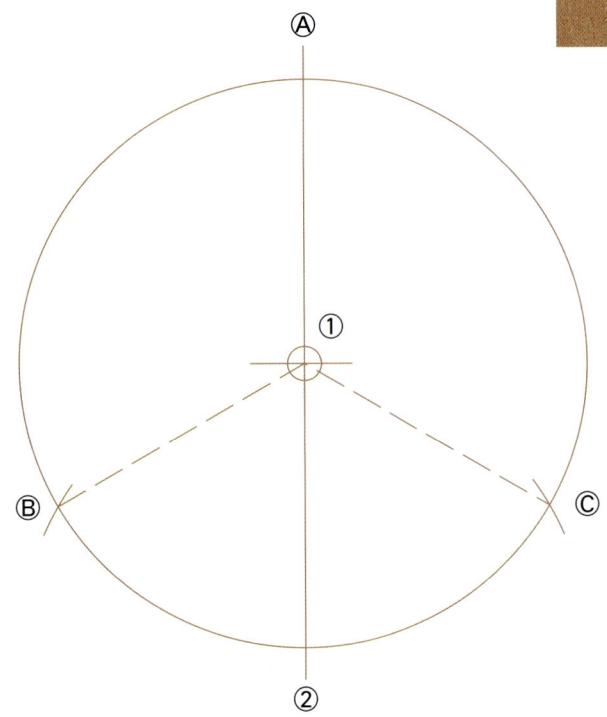

사각형 로제트

1. 임의의 수평선 (②-③)을 그린다.
2. 점 ①을 중심으로 원을 그린다.
3. 컴퍼스를 조금 더 벌리고 점 ②와 점 ③을 중심으로 돌려서 서로 교차되는 점 Ⓐ, Ⓑ를 표시한다.
4. 점 Ⓐ와 Ⓑ를 연결하면 원래의 수평선이 2등분되고 직각을 이루며, 원이 4등분 된다.

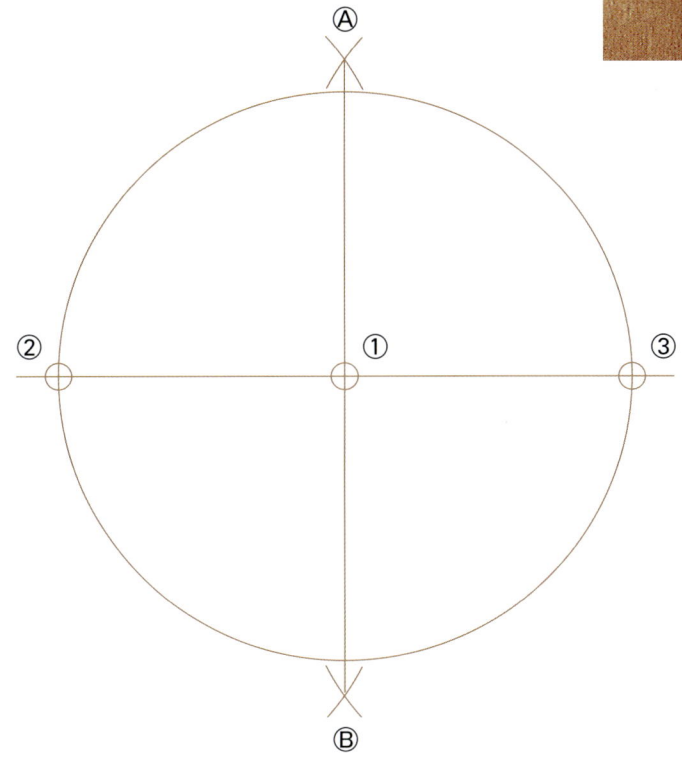

오각형 로제트

1. 임의의 수평선 (②-③)을 그린다.
2. 점 ①을 중심으로 원을 그린다.
3. 현재의 컴퍼스 크기로 점 ②를 중심으로 돌려서 교차점인 점 ⓒ와 ⓓ를 표시한다.
4. 점 ⓒ와 ⓓ를 연결하여 수평선(②-③)과 직교되는 점 ④를 찾는다.
5. 컴퍼스를 조금 더 벌리고 점 ②, ③을 중심으로 돌려서 서로 교차되는 점 Ⓐ, Ⓑ를 찾고 연결하여 위 2번에서 그린 원과 만나는 점 Ⓔ를 찾는다.
6. 점 ④를 중심으로 점 Ⓔ까지를 컴퍼스로 측정하여 크기를 맞추고 원 Ⓔ-Ⓕ를 그린다.
7. 점 Ⓔ와 Ⓕ사이를 컴퍼스로 측정하여 크기를 맞추면 그것이 정오각형의 한 변의 크기가 된다. 이것을 가지고 원을 5등분 한다.

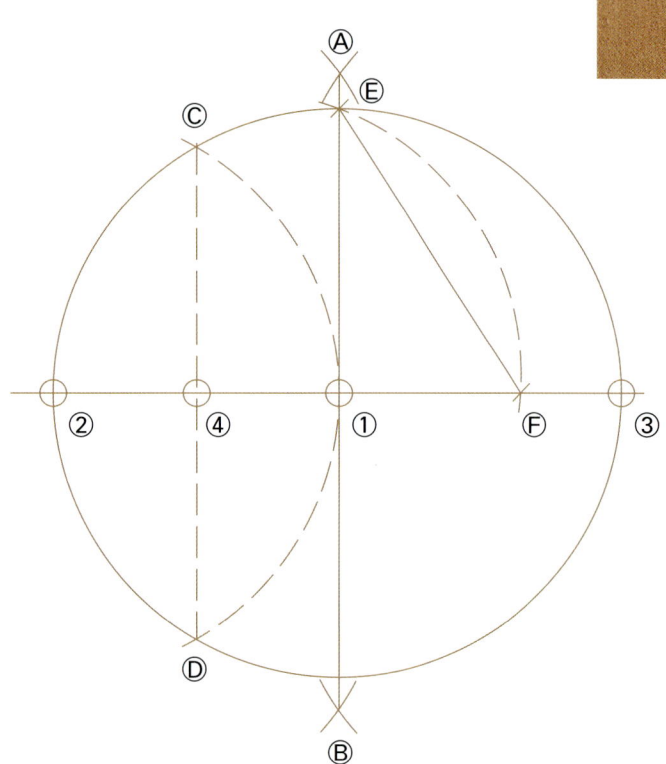

육각형 로제트

1. 임의의 수평선 (②-③)을 그린다.
2. 점 ①을 중심으로 원을 그린다.
3. 현재의 컴퍼스 크기로 점 ②를 중심으로 돌려서 교차점인 점 ③과 점 ⑦을 표시한다.
4. 점 ③을 시작으로 점 ②까지 순서대로 위와 같이 반복하면 원을 6등분 할 수 있다.

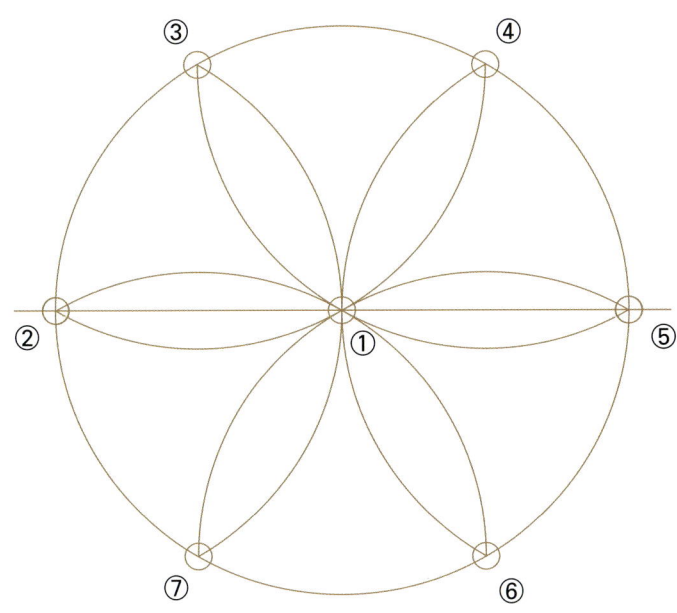

칠각형 로제트

1. 임의의 수평선 (②-③)을 그린다.
2. 점 ①을 중심으로 원을 그린다.
3. 현재의 컴퍼스 크기로 점 ②를 중심으로 돌려서 교차점인 점 Ⓐ, Ⓑ를 표시한다.
4. 점 Ⓐ, Ⓑ를 연결하여 수평선(②-③)과 직교되는 점Ⓒ를 찾는다.
5. 점 Ⓐ와 Ⓒ사이를 컴퍼스로 측정하여 크기를 맞추면 그것이 정칠각형의 한 변의 크기가 된다. 이것을 가지고 원을 7등분 한다.

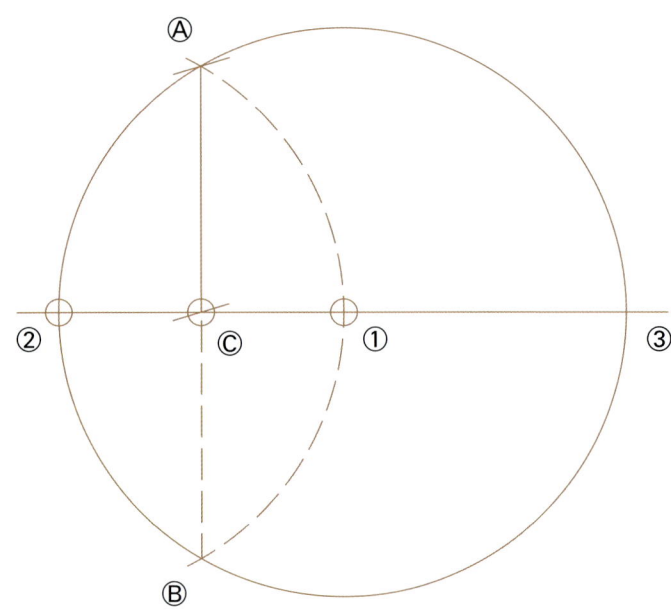

팔각형 로제트

1. 임의의 수평선 (②－③)을 그린다.
2. 점 ①을 중심으로 원을 그린다.
3. 컴퍼스를 조금 더 벌리고 점 ②, ③을 중심으로 돌려서 서로 교차되는 점 Ⓐ, Ⓑ를 찾고 연결하여 위 2번에서 그린 원과 만나는 점 ④와 ⑤를 찾는다.
4. 컴퍼스를 ②번에 그린 원보다 작게 줄이고 점 ②를 중심으로 돌려서 점 ②와 Ⓐ사이, 점 ②와 Ⓑ사이에 표시를 하고, 똑같이 점 ③, ④ 그리고 점 ⑤에서도 반복하면 교차점에서 점 Ⓒ, Ⓓ, Ⓔ, Ⓕ를 찾는다.
4. 점 Ⓐ와 Ⓑ, Ⓒ와 Ⓔ, Ⓓ와 Ⓕ를 연결하면 원이 8등분 된다.

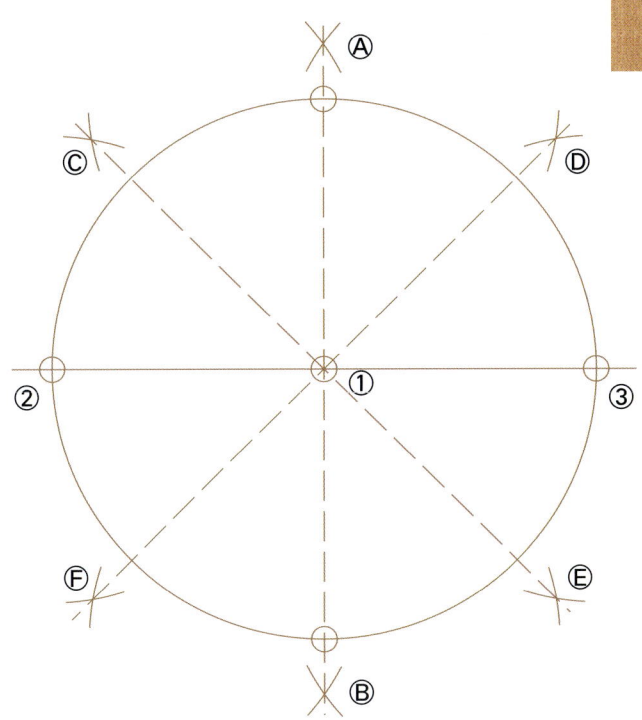

9각형 로제트

1. 임의의 수직선 (②－③)을 그립니다.
2. 점 ①을 중심으로 원을 그립니다.
3. 현재의 컴퍼스 크기로 점 ②를 중심으로 돌려서 교차점인 점 ④와 ⑤를 표시합니다. 점 ③에서 이를 반복하여 점 ⑥과 ⑦을 표시합니다.
4. 점 ②와 ⑥, 점 ②와 ⑦, 점 ③과 ④, 점 ③과 ⑤, 점 ④와 ⑤, 점 ④와 ⑦, 점 ⑥과 ⑦ 그리고 점 ⑤와 ⑥을 연결하는 선을 그립니다. 이 선들의 교차점이 Ⓐ, Ⓑ, Ⓒ, Ⓓ입니다.
5. 점 Ⓐ를 중심으로 점 Ⓓ까지 컴퍼스를 벌리고 호를 그립니다. 점 Ⓑ와 Ⓒ를 중심으로 호를 그려줍니다.
6. 점 ②, Ⓖ, Ⓗ, ⑦, Ⓙ, Ⓚ, ⑥, Ⓔ, Ⓕ를 연결하면 9등분이 된다.

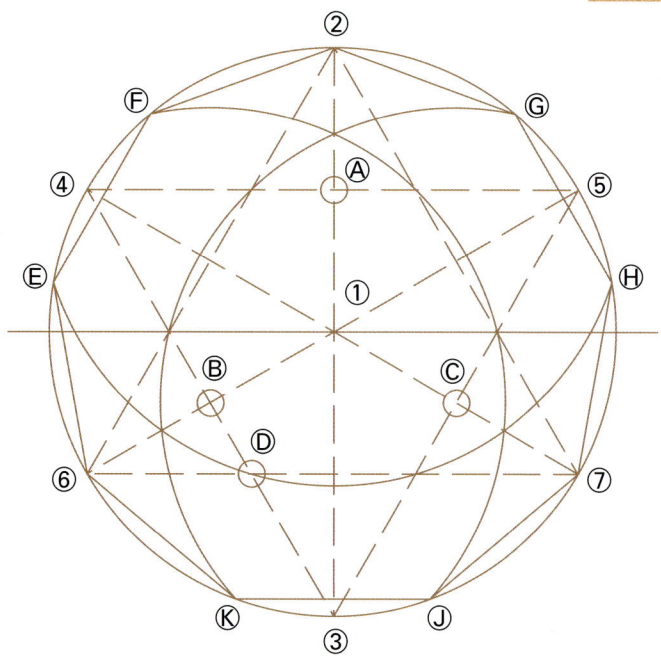

10각형 로제트

1. 임의의 수직선 (Ⓐ – ②)을 그린다.
2. 점 ①을 중심으로 원을 그린다.
3. 오각형 그리는 방법으로 점 Ⓐ, Ⓑ, Ⓒ, Ⓓ, Ⓔ를 표시한다.
4. 같은 컴퍼스 크기로 점 ②를 중심으로 위 3번 과정을 반복하여 점 Ⓕ, Ⓖ, Ⓗ, Ⓙ를 표시한다. 이로서 원을 10등분 할 수 있다.

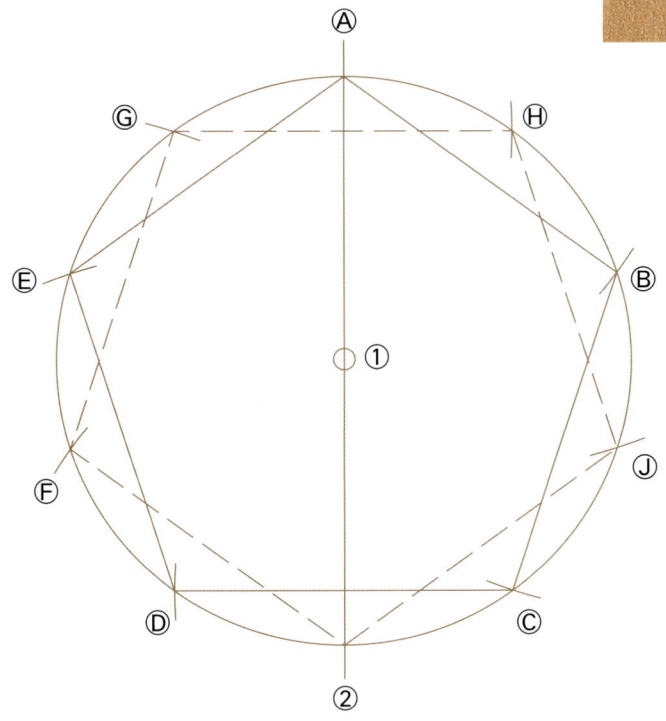

12각형 로제트

1. 육각형 그리기 과정을 반복한다.
2. 선 Ⓐ - Ⓑ를 2등분하여 선 ②-③을 그린다.
3. 같은 컴퍼스크기로 점 ②를 중심으로 위 1번 과정을 반복한다. 이로써 원을 12등분 할 수 있다.

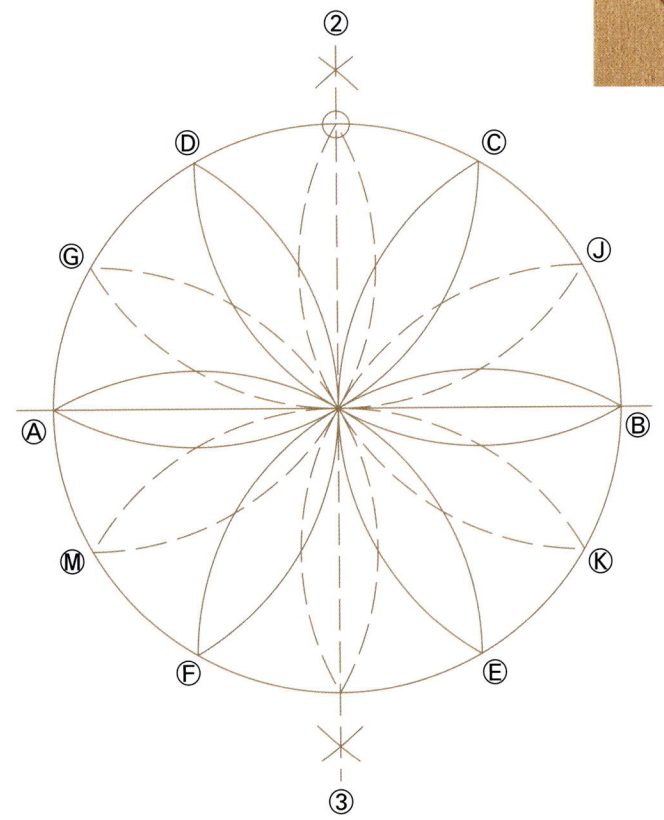

소용돌이 로제트

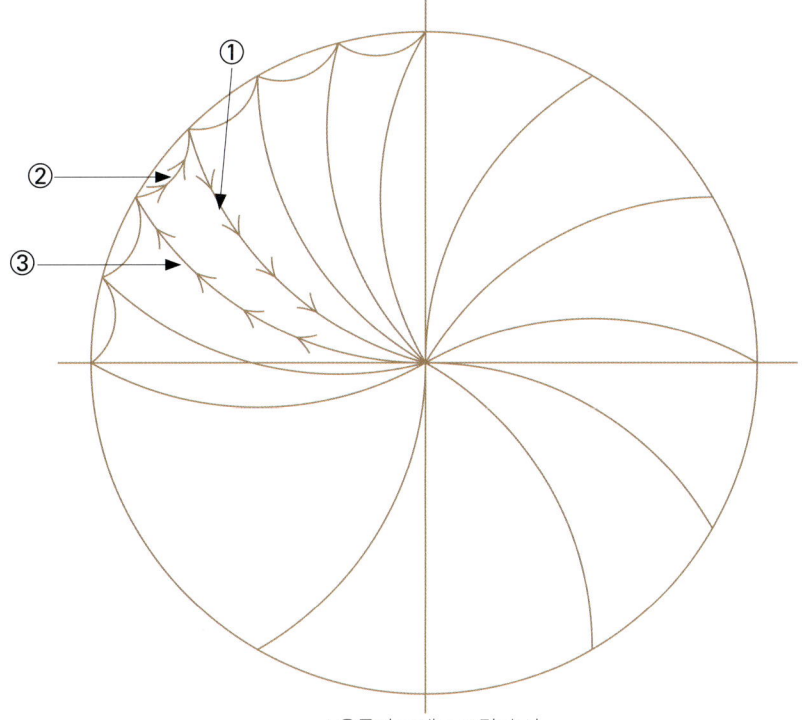

소용돌이 로제트 조각 순서

로제트 문양

음각 로제트

레이스 로제트

로제트 문양

4분할 로제트

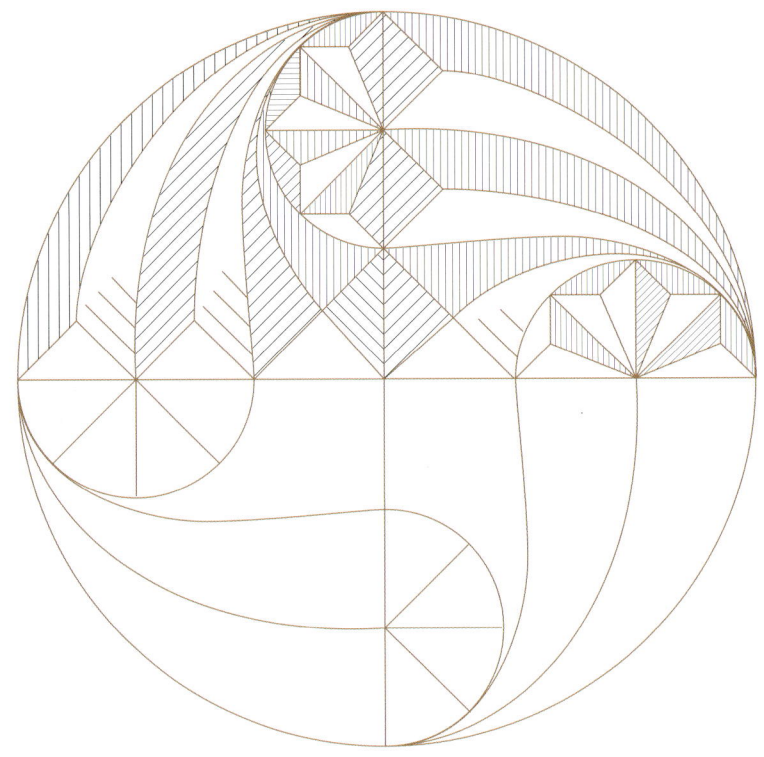

나침반 로제트

버터넛에 조각한 육각형 로제트

피나무 상자 뚜껑에 사각형 로제트를 조각하고 있는 모습(324×209mm)

육각형 로제트 접시(152mm)

맞물린 원형 로제트 접시(152mm)

육각형 로제트 육각 접시(152mm)

육각형 로제트와 별 문양 접시(203mm)

오각형 로제트 접시(152mm)

이중 다이아몬드 테두리와 선형 격자 가운데 클로버 로제트가 조각된 피나무 상자 뚜껑(324×209mm)

꽃무늬 데두리와 가운데 페이즐리 로제트 피나무 접시(156mm)

페이즐리 로제트 도안(203mm)

로제트 문양

10. 자유형 문양

자유형 문양은 기하학적인 디자인을 벗어나는 스타일이다. 보통 동물, 새, 꽃, 나뭇잎 같은 자연물을 묘사하는 데 사용한다. 이러한 자유형 문양은 단순하게 새겨진 선과 홈으로 외곽선을 만들고, 새의 깃털 등의 세밀한 부분을 좀 더 정교하게 조각할 수 있다.

자유형 이미지들은 사실적 또는 비사실적, 대칭적 또는 불규칙적, 단순하거나 장식적일 수도 있다. 기하학적인 요소들이나 글자들과도 조합되기도 한다. 자유형 이미지는 한 가지 점 때문에 양각 이미지와 다르다. 양각 이미지는 디자인을 만들기 위해 배경을 제거하지만 자유형은 디자인 자체를 나무에 새긴다. 제거하는 부분이 곧 디자인이다.

그림의 윤곽선 따기

흔히 그림의 윤곽선을 말하는 자유형 이미지의 테두리를 조각할 때, 입체감이나 생동감은 형태를 만드는 칩조각이나 선의 폭을 달리하여 얻을 수 있다.

자연물의 형태는 다양한 방법으로 해석될 수 있기 때문에 자유형 이미지들은 많은 디자인 가능성을 열어준다.

입체 효과를 내기 위해 윤곽선의 폭을 조절

구분 및 강조하는 문양들

육각형 별을 조각하기 위한 1단계 : 정삼각형을 따낸다.

육각형 별을 조각하기 위한 2단계 : 각 변에서 삼각형을 따낸다.

구분 및 강조하는 문양 도안

에델바이스 조각(127mm)

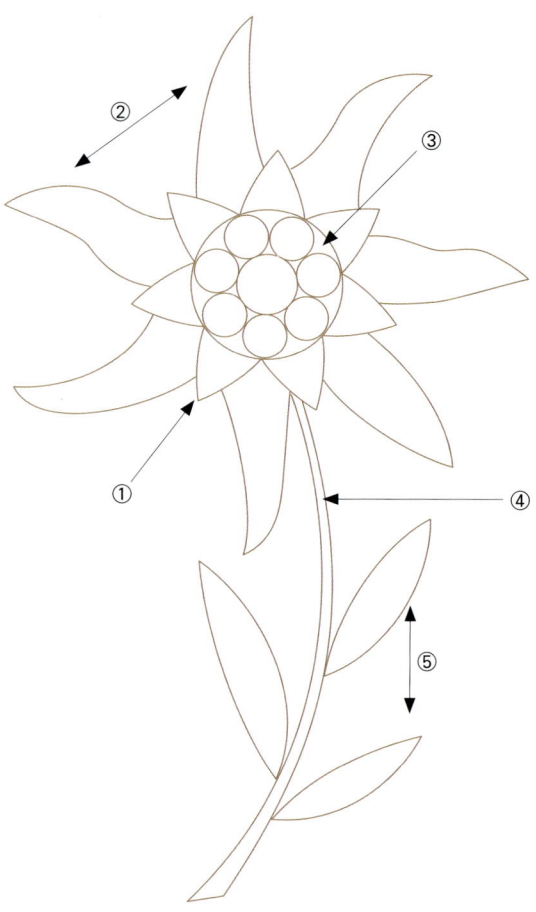

에델바이스 조각 순서

민들레 조각(102mm)

엉겅퀴 조각(76mm)

자유형 문양

튤립 조각

대칭형 부케 조각(152×305mm)

물결무늬, 지그재그 테두리와 꽃 문양 접시(203mm)

꽃과 로제트 피나무 상자 전면판(305×127mm)

자유형 문양

꽃과 로제트 피나무 상자 뚜껑(324×209mm)

꽃과 로제트 피나무 바늘상자 뚜껑(406×127mm)

나뭇잎 양각 테두리와 별 문양의 피나무 접시(254mm)

자유형 문양

나뭇잎과 올빼미 문양 피나무 접시(356mm)

원앙 도안

11. 양각 문양

새, 동물 또는 꽃 같이 쉽게 알아볼 수 있는 형태를 돋을새김으로 만든 것을 '양각'이라 한다. 전통적인 칩카빙에서는 육각형이나 12각형 로제트 같이 디자인된 꽃 패턴들은 양각으로 처리하고 배경을 제거하며 조각한다. 그러나 기하학적으로는 그릴 수 없는 양각 이미지보다는 기하학적인 로제트가 원래의 의도를 더 잘 표현할 수 있다.

양각 이미지는 전통적인 칩카빙과는 전혀 새로운 차원의 작업이다.

칩카빙 기술을 사용하면서 배경 부분을 제거함으로써 흔히 부조Relief carving라고 알려진 기법에 가깝게 만드는 것이다.

특히 이러한 칩카빙 스타일은 원, 삼각형 등의 기하학 형태 사이에 나뭇잎 같은 기하학적이지 않은 모양이나 자연물을 만들고자 할 때 효과적이다.

양각 이미지 개념은 전통적인 칩카빙의 영역을 넘어서 과거 디자인에서는 다루지 않던 차원으로 확대하고 확장시켜서 조각가의 예술적 표현의 한계를 넘을 수 있는 기회를 제공해준다.

나뭇잎과 다이아몬드 테두리, 별 문양
피나무 접시(305mm, 스테인 처리)

참나무 삼엽 문양 피나무 접시(152mm, 스테인 처리)

나뭇잎 테두리와 삼엽형 문양 피나무 접시(203mm, 스테인 처리)

나뭇잎 문양 피나무 상자 면판(130×102mm)

다이아몬드 테두리와 나뭇잎, 가운데 육각형 로제트 피나무 접시(254mm)

부채 테두리, 나뭇잎 문양과 가운데 12각형 로제트 피나무 접시(254mm)

나뭇잎과 가지 문양 피나무 냅킨 홀더(152mm)

나뭇잎 테두리와 가운데 사각형 로제트가 있는
버터넛 풀무(203×432mm)

테두리와 다이아몬드형, 나뭇잎 문양의 피
나무 거울(356×165mm)

나뭇잎, 새 문양 피나무 벽걸이 시계(229×330mm)

꽃 테두리와 나뭇잎, 가운데 육각형 로제트가 있는 피나무 접시(203mm)

이중의 둥근 잎 모양 테두리와 가운데 기하학 문양
피나무 접시(305mm, 스테인 처리)

바로크 스타일과 나뭇잎 문양 피나무 접시(254mm)

스테인 처리된 버터넛 벽난로 장식 시계(432×229mm)

나뭇잎과 케이블 모티브 측면

나뭇잎, 다이아몬드, 리본, 튤립 테두리.
가운데 별과 나뭇잎 문양 피나무 접시(356mm)

12. 영문 서각

서각은 고대부터 해오던 전통이다. 간단한 이니셜과 이름, 나무나 돌로 된 건물 외장에 이르기까지 날짜, 문구, 기도자, 인용문, 기념비 등의 영문 서각은 예술적 표현에 중요한 역할을 해왔다. 가장 빠르고 쉬운 서각은 칩카빙용 나무에 글자를 새기는 것이다. 그 방법은 칩카빙과 동일하며, 서체나 자간의 선택을 주의하면 된다.

글자 조각을 위한 가이드

서각 예술은 유연성이 필요하다. 항상 예외가 있기 때문에 다음 가이드라인은 엄격하게 지켜야만 하는 규칙이 아니다. 예를 들어 가장 현대적인 아랍어 서체는 고전적인 로만Roman 폰트에 근거한다. 로만 폰트에서는 가독성을 최대로 하기 위해 세로선과 가로선의 두께의 비율을 약 2:1로 하고 있다. 그러나 문자 N의 경우 이러한 규칙을 따를 경우 어색한 모양이 되기 때문에 세로선(다리)이 얇은 형태를 취하고 있다.

비슷한 예로, 이 책에 제시된 글자 간격에 대한 가이드라인은 글자가 보석함 같은 개인적인 물건에 조각되어 가까이 보게 되는 경우에 적용된다. 그러나 대성당 같은 큰 건물에 새겨진 글자는 멀리서 보게 되는데, 이 경우 멀리서도 더 쉽게 읽을 수 있도록 글자 비율이 넓고 간격 또한 벌어져 있다. 멀리 떨어져서 보면 선들이 합쳐져 보이는 경향 때문에 단어를 보다 쉽게 읽을 수 있도록 문자를 더 멀리 떨어뜨리게 만든다.

글자 배치하기

서각에서 조각 기술 외에 중요한 점은 배치인데, 가장 중요한 점은 글자의 간격이다. 간격을 잡는 데 가장 저지르기 쉬운 실수는 글자와 글자 사이를 너무 멀리 떨어뜨리는 것이다. 이는 조각해놓으면 더 확연히 드러난다. 그림자의 깊이와 조각된 글자의 3차원적인 면들이 장점뿐만 아니라 단점들도 강조하게 된다. 단어나 이름에서 미적인 이유 없이 글자 간격을 과장되게 넓히는 것은 일반적으로 최상의 방법은 아니다. 또한 단어들을 구성하는 글자들이 서로 너무 가까우면 글자들이 개별적으로 보이지 않고 전체의 일부분으로 보이게 된다. 우리는 글자가 아닌 단어를 읽는다. 글자가 너무 벌어져 있으면 가독성이 떨어져 읽기 어렵고 피곤하다.

한 단어에서 글자의 간격을 조절하는 방법은 두 가지이다. 첫 번째는 인쇄 작업에서 사용되는 기계식 방법이다. 이 방법은 매우 읽기 쉽지만, 본질적으로 모든 글자 간격이 같으면 서로 잘 어울리지 못할 수도 있다는 점을 고려하지 않는다. 이것은 글자 크기가 커질 때 더욱 분명해진다.

두 번째는 글자 간격을 심미적으로 조절하는 방법이다. 필요에 따라 글자의 간격을 서로 가깝게 하거나 멀게 조정하여 단어 내의 모든 글자 사이에 밝음과 어두움의 공간적인 균형을 만들 수 있다.

앞의 두 방법의 차이를 설명하기 위해서 로만 서체에서 A와 V를 생각해보면, 기계적인 조판 글자에서는 두 글자 사이의 간격이 크다(아래 사진①). 심미적인 접근방법으로는 이 두 글자 사이의 간격을 좁혀서 보기 좋게 배치한다(아래 사진②). 먼저 단어나 이름을 트레이싱지에 그려보는 것은 글자의 간격을 아름답게 조정하는 과정을 쉽게 해준다.

① 글자 간격이 먼 상태

② 글자 간격이 가까운 상태

자간 찾아내기

적절한 자간을 찾아내는 방법은 몇 가지 있다. 글자가 희미해질 때까지 눈을 가늘게 뜨고 글자를 보면, 글자 사이 공간이 균형 잡혀 있는지를 볼 수 있다. 조명을 향해서 트레이싱지를 들고 뒷면을 통해 보면 같은 효과를 얻을 수 있다. 트레이싱지 때문에 글자가 희미하게 보이고, 눈으로는 단지 형태만 보게 되어 글자들이 적당한 간격으로 배치돼 있는지 볼 수 있게 된다.

또 다른 방법은 거울을 통해서 글자는 보는 것이다. 일반적으로 글자를 거꾸로 읽지 않기 때문에 거울로 본 글자는 인지적인 연관성을 잃고 단지 백과 흑의 간격만이 남게 된다. 글자 간격 또는 어떤 디자인이 만족스럽다면, 나무와 트레이싱지 사이에 그라파이트지(일반 먹지와 다름)를 놓고 철필로 나무에 옮겨 그릴 수 있다.

최적의 자간을 찾아낼 때 기계적인 방법보다는 심미적인 방법이 낫다면, 실제적인 자간을 결정하는 데 다음의 방법을 추천한다. 앞에서 언급했듯이 여러 글꼴에 따라서 글자간격이 다르다는 사실을 기억해야 한다.

세리프Serif(글자의 위아래에 작은 돌기가 있는) 서체를 선택하고자 한다면, 글자 간격은 세로획의 0.5배이다. 예를 들어 H의 세로획이 6mm 폭이라면 다음 글자는 3mm인치 떨어진다.

단어 사이의 간격은 대문자 폰트 높이의 1/2이다. 문장 끝의 마침표와 다음 문장의 첫 글자 사이의 간격은 대문자의 높이이다. 이것이 타자기를 사용할 때 두 칸 띄기이다. 단어의 줄 간격 또한 대문자 높이의 1/2이다. 예를 들어, 어떤 글자의 대문자 높이가 38mm 높이라면 다음 줄의 대문자 꼭대기는 19mm 아래 위치한다.

서체 선택

서체를 선택할 때는 동반되는 디자인과 시간과 보여지는 장소와 방법 등을 고려해야 한다. 선택한 서체가 대소문자를 모두 가지고 있다면, 대개 원래 의도 한대로 함께 사용하는 것이 가장 좋다. 올드 잉글리쉬체 같은 서체들은 대문자가 매우 장식적이다. 이러한 스타일에서 대문자만 사용된다면 읽는 것이 불가능하지는 않지만 어려울 것이다.

선택할 수 있는 서체나 글꼴들이 많이 있지만 모두 조각하기 쉬운 것은 아니다. 이번 장에서는 서로 완전히 다른 스타일의 다섯 가지 서체를 소개하려고 한다. 모두 고유의 특징을 가지고 있으며 즐겁게 조각할 수 있을 것이다.

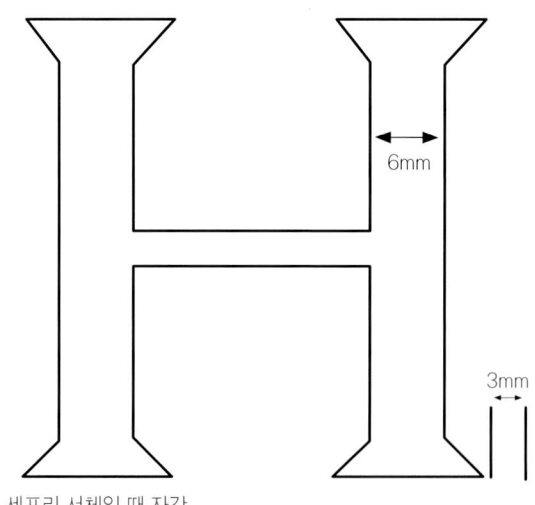

세프리 서체일 때 자간

클래식 로만체 Classic Roman

로만 스타일 서체는 몇 가지 있지만 여기에 소개하는 것은 가장 기본적이면서 조각하기 쉽고, 읽기 쉬운 것이다. 다른 로만 서체와 달리 클래식 로만체는 대문자만 있다. 많은 디자인에 잘 어울리는 심플한 형태이다.

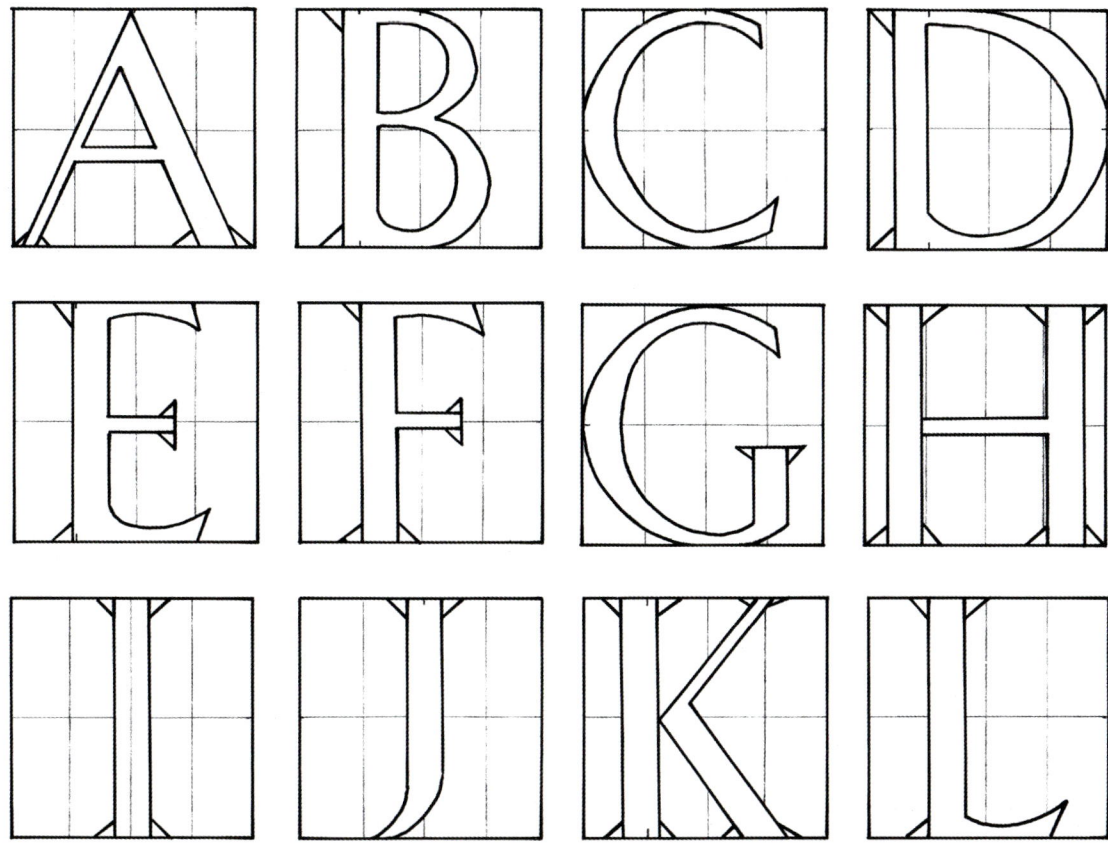

로만체 대문자 A-L

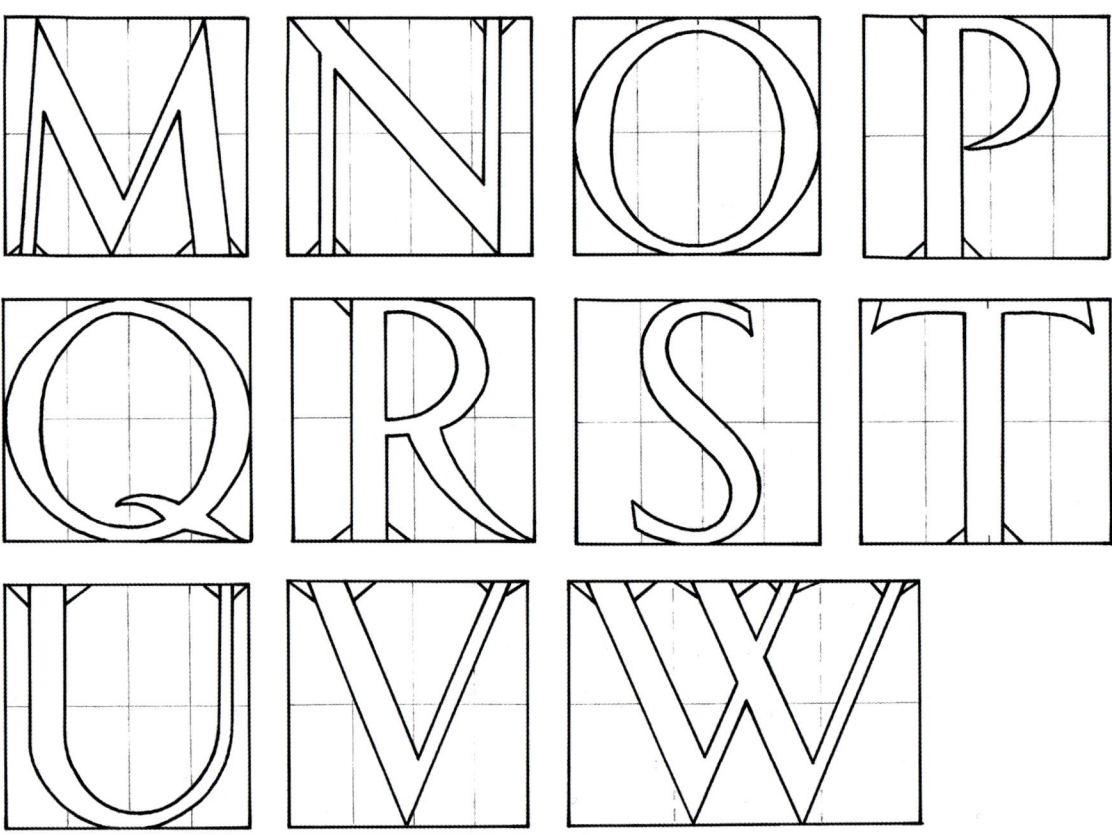

로만체 대문자 M-W

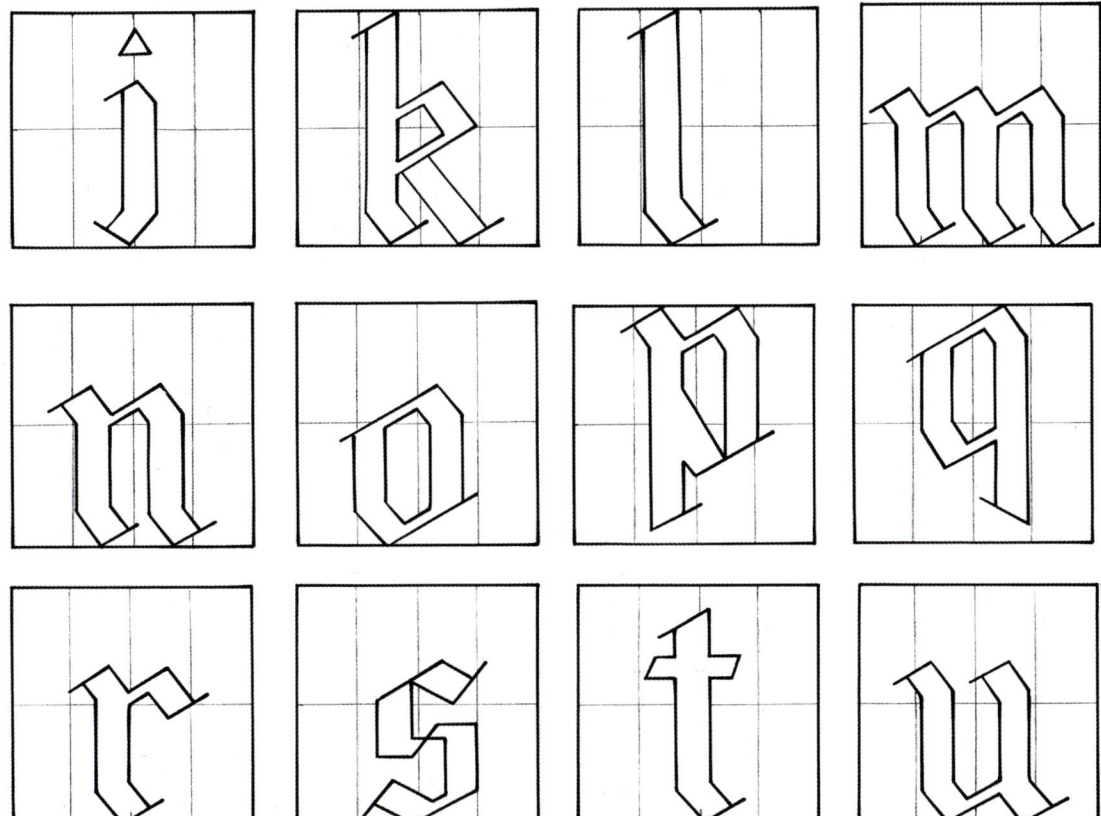

올드 잉글리쉬체 소문자 j–u

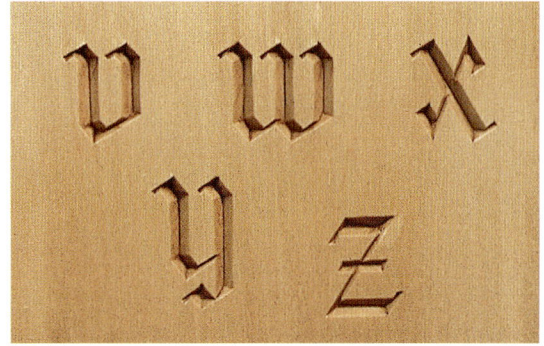

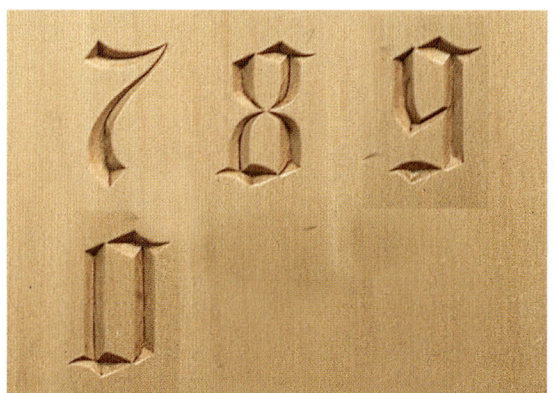
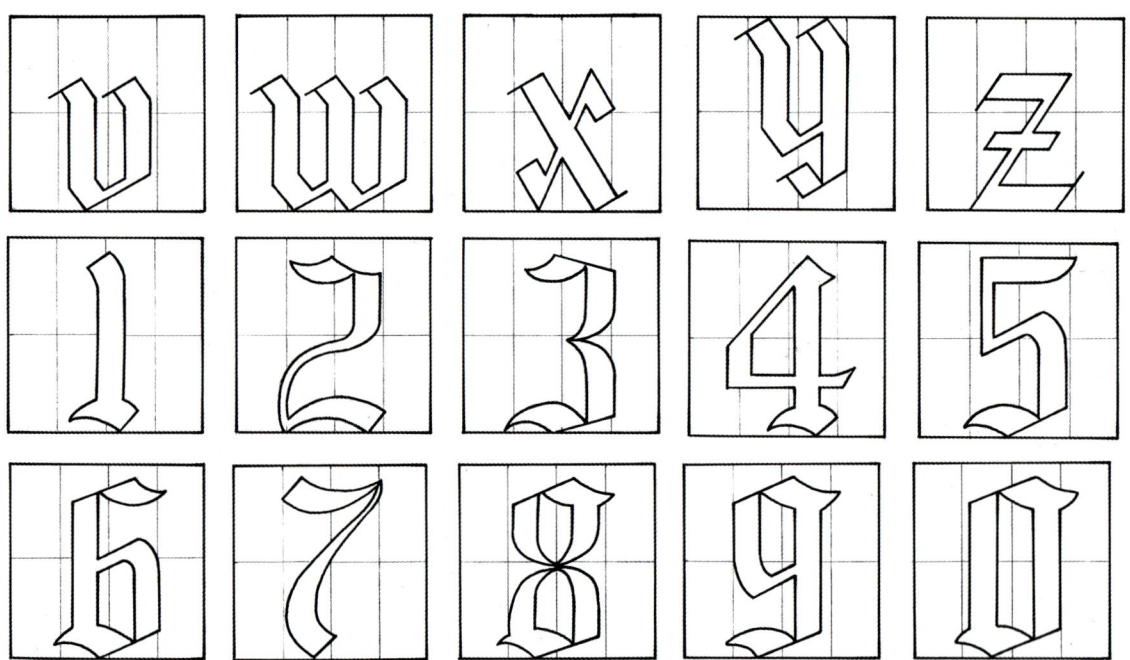

올드 잉글리쉬체 소문자 V-Z와 숫자

스펜서리안 필기체 Spencerian Script

필기체는 매우 화려하고 유려한 스타일로 비슷한 형태의 디자인과 잘 어울리거나 그 일부가 될 수 있는 서체이다. 모든 필기체 중에서도 스펜서리안체가 조각하기 쉽고 모노그램monogram(합일문자)을 디자인하는 데 매우 적합하다.

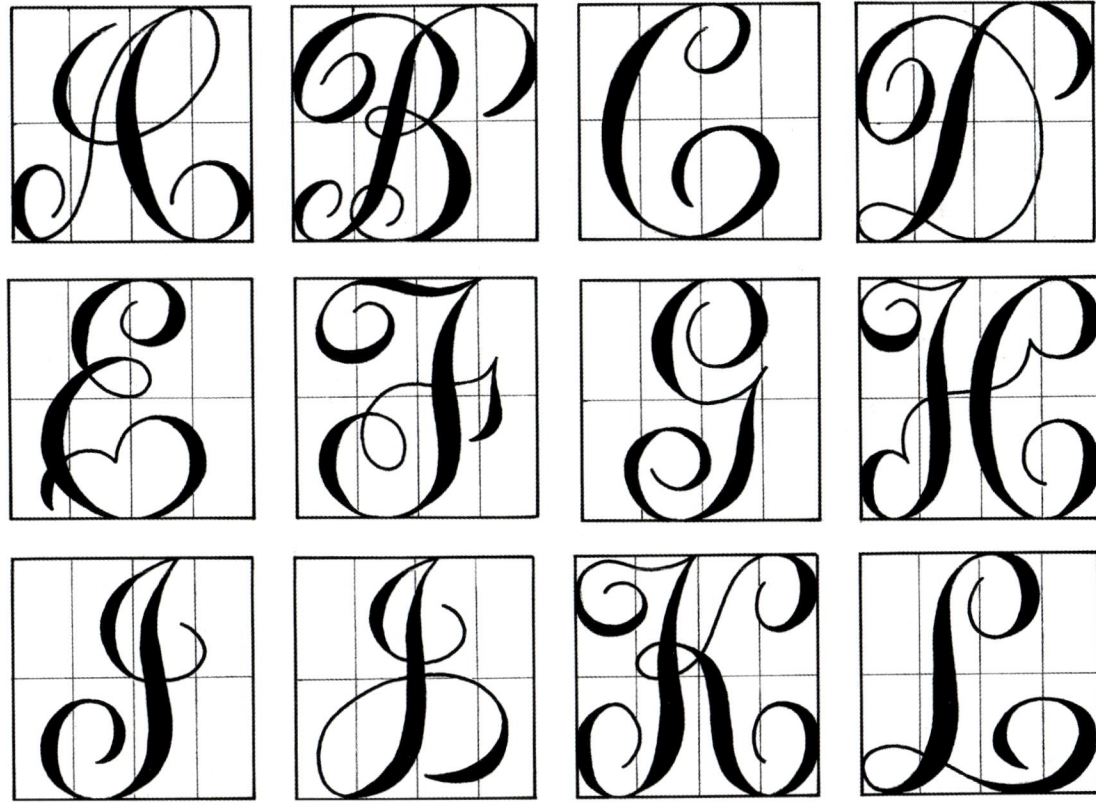

스펜서리안 필기체 A-L

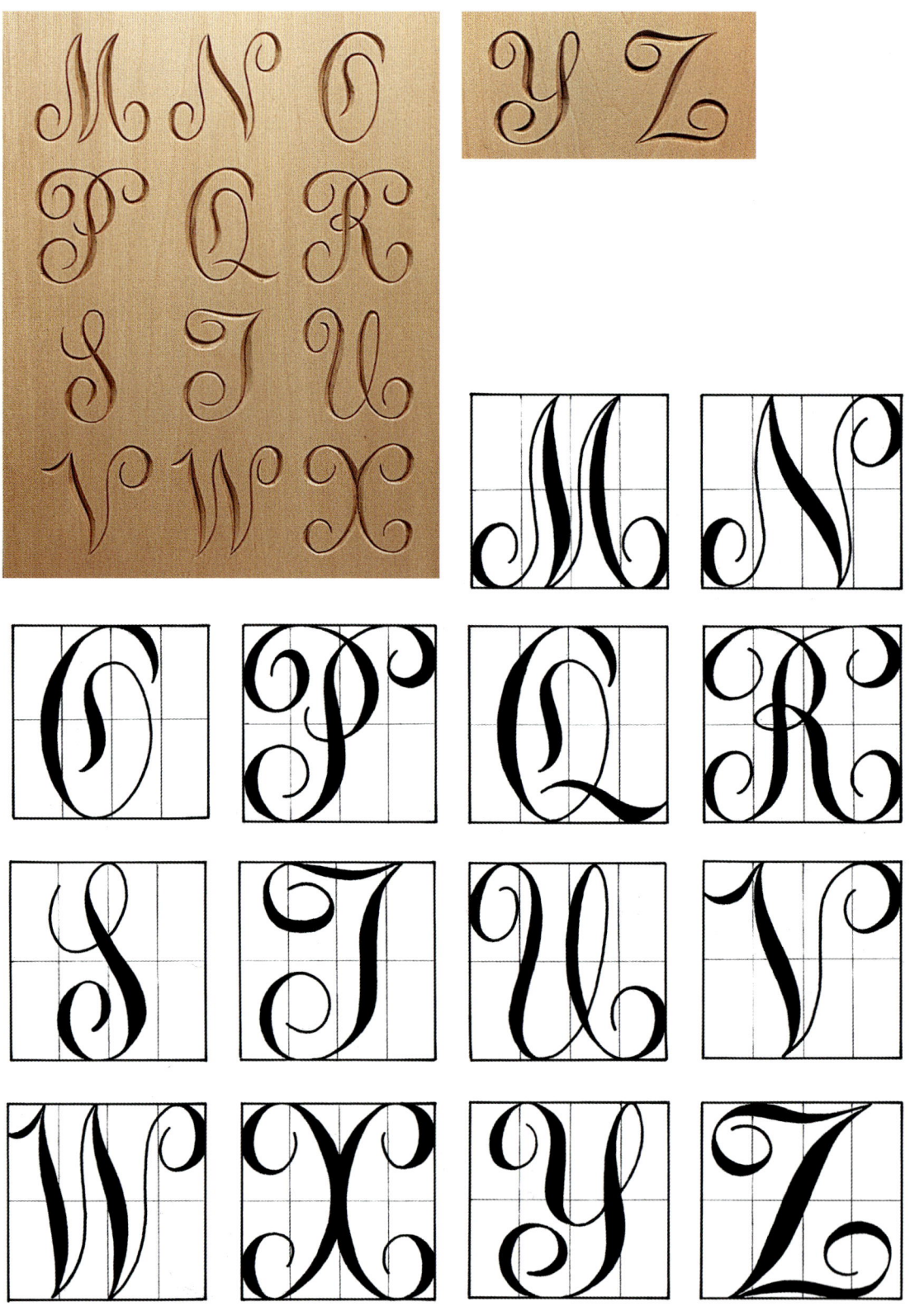

스펜서리안 필기체 M-L

베커체 Becker

베커체는 로만체와 올드 잉글리쉬체의 혼합형으로 형태적으로 중세적 느낌을 가지고 있다. 이 서체 또한 대소문자가 모두 필요한 스타일이지만 올드 잉글리쉬체보다는 유연하게 사용된다.

베커체 대문자 A-L

베커체 대문자 M-V

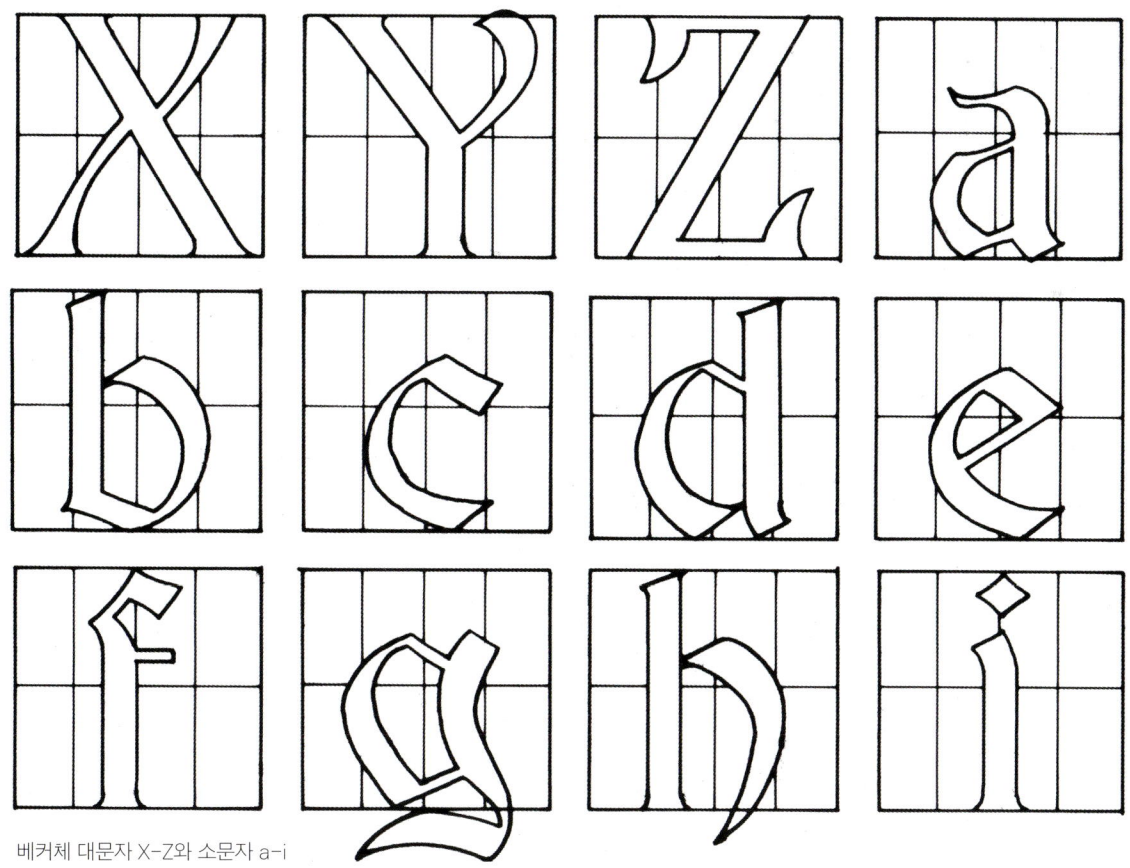

베커체 대문자 X-Z와 소문자 a-i

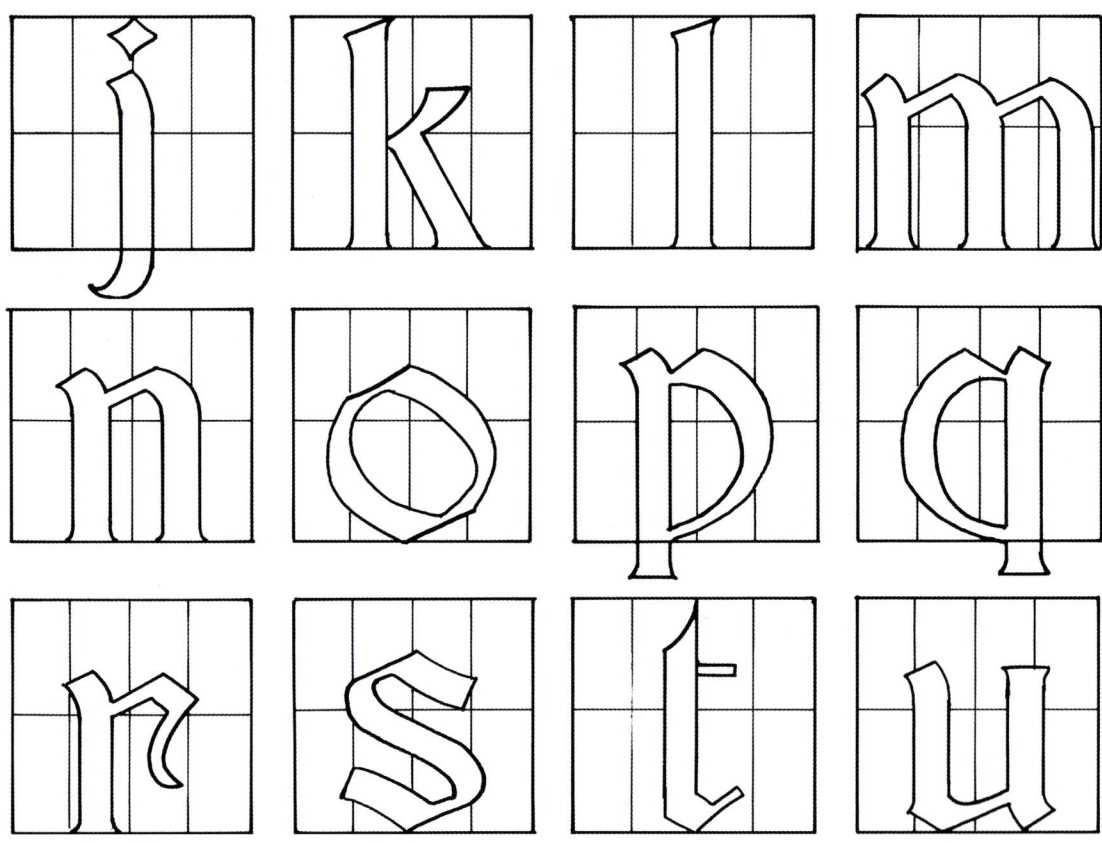

베커체 소문자 j-u

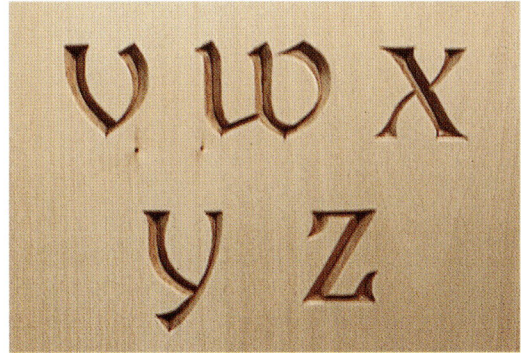

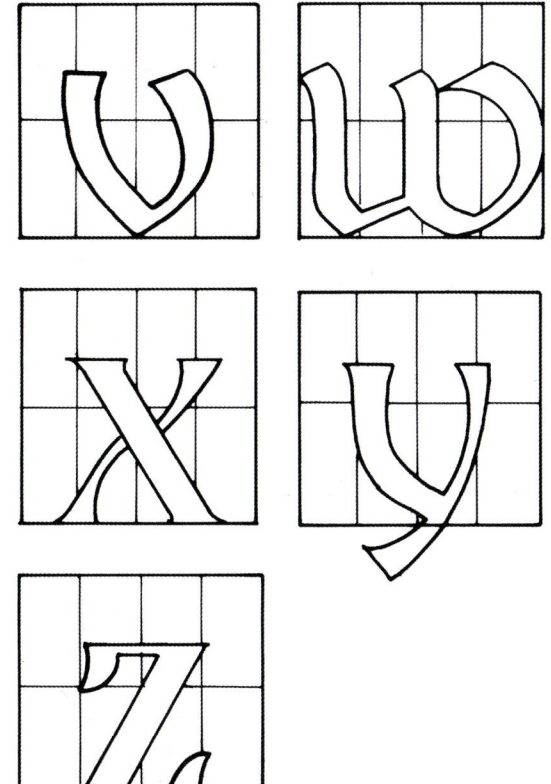

베커체 소문자 v-z

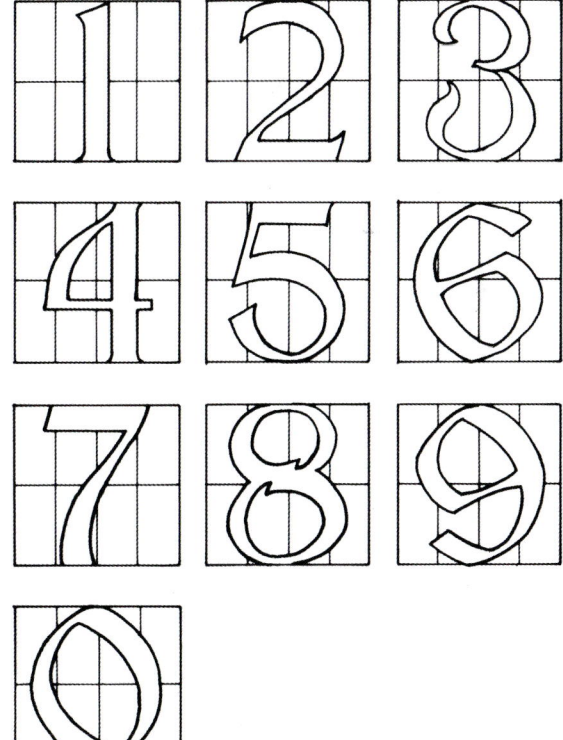

베커체 숫자

암브로시아체 Ambrosia

암브로시아체는 압축된 형태의 서체로 좋은 구조를 가지고 있으며 대문자만 있다. 좁은 세로선을 가지고 있어서 폭이 넓은 선을 가진 다른 서체보다 더 큰 글자를 쉽게 조각할 수 있다. 또한 압축된 형태로 인해 다른 서체로는 사용할 수 없는 이름이나 단어를 맞춰 조각할 수 있다.

ABCDEF
GHIJKLM
NOPQRS

암브로시아체 대문자 A–S

암브로시아체 대문자 T–Z

암브로시아체 숫자

스펜서리안 필기체, 네오테릭체, 바튼 대문자(위쪽부터)의 모노그램

클래식 로만체를 조각한 피나무 상자 면판(305×127mm)

필기체 문자와 양각 문양의 버터넛 상자 뚜껑(356×216mm)

필기체 말리스 Marlies

나뭇잎 문양의 B

나뭇잎 문양의 H

바튼 대문자 B

바튼 대문자 B를 세긴 피나무 냅킨 홀더

영문 서각

베커체 글자를 조각한 경사진 피나무 상자 뚜껑(140×102mm)

물결문양 테두리와 암브로시아체로 조각한 피나무 접시(203mm)

자유형 문양과 변형된 베커체 글자를 조각한 피나무 명판(305×229mm)

스위스 베른에 위치한 성 베드로와 성 바울 성당에 새겨진 버터넛 명판 (559×292mm, 스테인 처리).
중세고딕 서체로 조각한 "MACHS NA (따라하라)".

13. 마감

칩카빙 작품은 주로 기능적이고 자주 손으로 만지게 된다. 그리고 지문이 묻거나 시간이 지나면서 먼지가 쌓이는 것을 방지하기 위해 칠을 해주는 것이 좋다. 마감처리를 하게 되면 나무를 손상시키지 않고 먼지를 털고 청소할 수 있다. 또한 나무와 조각을 더욱 아름답게 해준다.

피나무나 버터넛 같은 무른 나무는 호두나무나 참나무 같은 단단한 나무와 칠에 다르게 반응한다. 칠하기 전 나무를 먼저 준비한다. 모든 연필 표시와 선들을 지운다. 이 부분은 조각을 할 때 연필 선을 잘라내면 쉽게 처리할 수 있다. 물론 일부는 항상 남아있게 되는데 이것은 지우개로 쉽게 제거할 수 있다. 조각된 부분에 날카롭게 솟은 언덕부분이 없다면 220번 사포로 샌딩하는 것도 도움이 된다. 단, 더 고운 사포를 사용하면 더 부드러운 표면을 얻을 수 있지만 동시에 광택이 나게 된다. 지나치게 광택이 나는 표면은 220번으로 사포질 된 표면에 비해 칠이 덜 흡수될 수 있다. 사포질은 항상 결 방향으로 한다.

마감제 선택

나무는 스프레이나 붓으로 칠하는데 스프레이가 좀 더 균일한 마감면을 얻을 수 있으며, 칠이 고이거나 흐르는 것을 줄여준다. 자연스러운 목재 표면을 얻고 싶다면 약광의 폴리우레탄 마감제(바니쉬)를 적어도 세 차례 이상 얇게 도포해준다. 목재의 따뜻하고 자연스러운 외관을 원한다면 고광택의 칠은 피하는 것이 좋다. 칠과 칠 중간마다 220번 사포를 사용하여 가볍게 샌딩한 후 먼지를 털어준다. 그리고 마지막 도장 후에는 샌딩하지 않고 그대로 둔다. 스프레이나 붓을 사용하여 도장 제품을 사용할 때는 작업공간을 반드시 환기 시켜준다.

착색시 주의점

목조각에 색을 입히고 싶다면 반드시 비슷한 종류의 나무로 먼저 테스트 할 것을 권장한다. 원치 않는 결과에 놀랄 수 있다. 버터넛의 경우 결이 강해서 착색제(스테인)를 잘 빨아들인다. 피나무도 착색이 되지만 얼룩이 지는 경향이 있어 주의 깊게 작업해야 한다. 피나무와 버터넛을 사용할 때는, 희석한 폴리우레탄을 실러sealer로 사용하여 초벌로 얇게 스프레이 해준다. 절단면에는 좀 더 많은 양을 도포한다. 실러는 착색제가 좀 더 고르게 흡수되도록 도와준다. 실러가 건조되면 일부 결이 일어나게 되는데, 이때는 220번 사포로 부드럽게 샌딩한 후에 본 칠을 시작한다.

앞에서 언급했듯이 시중엔 많은 마감제들이 출시되어 있다. 그중 젤스테인Gel stain은 액상의 다른 착색제에 비해 나무표면에 깊이 침투되지 않고, 절단면 기공을 통해 다시 흘러나오지 않으며, 폴리우레탄 제품과도 같이 사용할 수 있어 피나무와 버터넛 같은 무른 나무에서 더 나은 결과를 얻을 수 있다.

젤스테인은 뻣뻣한 강모의 미술붓을 사용하면 좋다. 과도하게 발라진 부분은 바로 닦아내고 붓질하여 말리면 된다. 이러한 과정들을 몇 번 반복해야 한다. 조각된 부분에 젤스테인이 빠진 부분이 있다면 일단 앞서 칠한 스테인을 건조시킨 후에 발라준다. 앞서 칠한 스테인이 충분히 건조되지 않으면 새로 칠한 스테인이 용매 역할을 하여 앞의 도막을 녹여 없애게 된다.

스테인이 완전히 건조된 후에 저광의 폴리우레탄을 얇게 두세 번 고르게 스프레이 해준다. 만일 칠 중간마다 사포질이 필요하다면 이미 칠한 착색층이 벗겨지지 않도록 가볍고 조심스럽게 샌딩해준다.

단위환산표

인치 in	밀리미터 mm	인치 in	밀리미터 mm	인치 in	밀리미터 mm
1/8	3	9	229	30	762
1/4	6	10	254	31	787
3/8	10	11	279	32	813
1/2	13	12	305	33	838
5/8	16	13	330	34	864
3/4	19	14	356	35	889
7/8	22	15	381	36	914
1	25	16	406	37	940
1 1/4	32	17	432	38	965
1 1/2	38	18	457	39	991
1 3/4	44	19	483	40	1016
2	51	20	508	41	1041
2 1/2	64	21	533	42	1067
3	76	22	559	43	1092
3 1/2	89	23	584	44	1118
4	102	24	610	45	1143
4 1/2	114	25	635	46	1168
5	127	26	660	47	1194
6	152	27	686	48	1219
7	178	28	711	49	1245
8	203	29	737	50	1270